mentor training XXL

200 Tests
Französisch 1. – 4. Lernjahr

Mit Regeln, Beispielen, Lösungen

Diethard Lübke

In Zusammenarbeit
mit Langenscheidt

mentor
Eine Klasse besser.

Über den Autor:

Diethard Lübke, Lehrer für Französisch und Deutsch am Gymnasium, Studiendirektor am Staatlichen Studienseminar für das Lehramt an höheren Schulen, Autor zahlreicher didaktischer Werke und Aufsätze in Fachzeitschriften

Illustrationen: Elmar Fassold, Nürnberg

Layout: Redaktion mentor unter Verwendung des Basis-Layouts von Barbara Slowik, München

Umwelthinweis: Gedruckt auf chlorfrei gebleichtem Papier.

Umwelthinweis: Gedruckt auf chlorfrei gebleichtem Papier

Satz/Repro: Franzis print & media GmbH, München
Druck: Mercedes-Druck, Berlin
Bindung: Stein + Lehmann, Berlin
Printed in Germany
www.mentor.de

ISBN 978-3-580-63862-7

08 09 10 11 4. 3. 2. 1.

Einführung

Hallo, liebe Schülerin,
hallo, lieber Schüler!

Teste dein Französisch – und zwar clever und gezielt, um schnell fit für die nächste Klassen- oder Vergleichsarbeit zu sein. Zu jedem Test findest du auf der linken Seite eine kurze Regel oder Erklärung mit Beispielen.

- Die 200 wichtigsten „Stolpersteine" in Form von Tests aufbereitet: für den schnellen Durchblick!
- Jedem Test geht die entsprechende Erklärung oder Regel voran.
- Praxisbezug durch Beispiele aus dem Alltag, z. B. aus Zeitungen, Witzen und Comics.
- Clever zum Ziel: alphabetische Anordnung der Tests und Register im Anhang.

Ein letzter Tipp und dann geht's los:
Natürlich solltest du auch nicht alle 200 Tests auf einmal machen, sondern sie in kleine Wissenshäppchen aufteilen. Verbessere deinen Test sorgfältig und lese ihn nach einer Woche nochmals durch.

Wenn du einmal durch bist, kannst du im Schnellverfahren überprüfen, ob du die „Stolpersteine" jetzt locker überwindest.

Viel Spaß beim Testen und Tüfteln wünschen dir

der Autor Diethard Lübke und der mentor Verlag

Inhaltsverzeichnis

Inhaltsverzeichnis

1   *a / à*

Form von *avoir*	**Präposition**
*Elle **a** faim.*	*Ce livre est **à** moi.*
*Elle **a** mangé.*	*Elle est **à** Paris.*
*Elle **a** bu un café.*	*Elle a écrit une lettre **à** son ami.*

> ***a*** (ohne Accent grave) ist eine Form von *avoir*
> (*il*, *elle a* = er, sie, es hat).
>
> ***à*** (mit Accent grave) ist eine Präposition.

2   *à, de, en*

*Olivier a écrit **à** sa mère et **à** sa tante.*

*Il parle **de** Sandrine et **de** Colette.*

*Il a voyagé **en** Normandie et **en** Bretagne.*

> Die Präpositionen *à*, *de*, *en* werden vor jedem Beziehungs-
> wort **wiederholt.**

3   *à / en* („in")

vor Städtenamen	**vor weiblichen Ländernamen**	**vor männlichen Ländernamen**
***à** Paris*	***en** France*	***au** Luxembourg*
***à** Francfort*	***en** Allemagne*	***au** Portugal*
***à** Londres*	***en** Angleterre*	***au** Canada*
***à** Bruxelles*	***en** Belgique*	***aux** Etats-Unis*

> „in" vor **Städtenamen** ist zu übersetzen mit *à*.
>
> „in" vor **weiblichen Ländernamen** ist zu übersetzen mit *en*.
>
> „in" vor **männlichen Ländernamen** ist zu übersetzen mit *à* + Artikel.

➤   Artikel bei Ländernamen (Kap. 24)

Ajoutez «a» ou «à»:

1. *aller ___ Paris*

2. *100 kilomètres ___ l'heure*

3. *être prêt ___ partir*

4. *Ce livre est ___ moi.*

5. *Je ne comprends pas pourquoi Alain ___ donné tant d'argent ___ Jean.*

Françoise Sagan a écrit à dix-neuf ans son premier roman, «Bonjour tristesse».

? *tristesse:* Traurigkeit.

Complétez:

1. *J'écris une carte postale à Sandrine et _____ son frère.*

2. *J'ai été à Nice et _____ Cannes.*

3. *J'ai voyagé en France et _____ Italie.*

Ajoutez «à» ou «en»:

1. *aller _____ Paris*   2. *aller _____ France*   3. *passer ses vacances _____ Canada*

4. *faire un voyage _____ Rome, _____ Italie*

AIR FRANCE PARTOUT EN EUROPE

AIR FRANCE

« Je suis à 100 % d'accord aussi avec la ceinture de sécurité obligatoire à l'arrière : en Suède où elle existe avec un système de retenue pour les enfants, il n'y a pas eu en deux ans un seul bébé tué dans un accident !

? *ceinture de sécurité:* Sicherheitsgurt; *à l'arrière:* hinten.

4   *acheter* und andere Verben auf *-er*

Präsens		**Futur**		**Konditional**	
j'	ach**è**te	*j'*	ach**è**terai	*j'*	ach**è**terais
tu	ach**è**tes	*tu*	ach**è**teras	*tu*	ach**è**terais
il	ach**è**te	*il*	ach**è**tera	*il*	ach**è**terait
nous	achetons	*nous*	ach**è**terons	*nous*	ach**è**terions
vous	achetez	*vous*	ach**è**terez	*vous*	ach**è**teriez
ils	ach**è**tent	*ils*	ach**è**teront	*ils*	ach**è**teraient

Ebenso: *achever* (vollenden), *geler* (gefrieren), *lever* (hochheben), *mener* (führen), *peler* (schälen), *peser* (wiegen), *se promener* (spazieren gehen) …

> Bei diesen Verben steht **-è-** im Präsens (außer 1./2. Person Plural), im Futur und im Konditional.

➤   weitere Verben auf **-er** mit Besonderheiten (Kap. 42, 69, 73, 84, 96, 110, 184)

Adjektive

5   Adjektive: auf **-e**

Xavier est triste.	*Les garçons sont tristes.*
Isabelle est triste.	*Les filles sont tristes.*

Ebenso: *aimable, agréable, aveugle, calme, capable, célèbre, confortable, difficile, énorme, facile, faible, fidèle, formidable, gauche, habile, humide, inutile, jeune, juste, large, libre, magnifique, malade, moderne, nécessaire, pauvre, possible, rapide, responsable, riche, ridicule, rouge, simple, terrible, tranquille, utile, vide* …

> Diese Adjektive werden auch im **Maskulinum Singular** mit **-e** geschrieben (im Plural entsprechend mit **-es**).

➤   Adjektive auf **-s** (Kap. 6)

? *aveugle:* blind; *calme:* ruhig; *fidèle:* treu; *humide:* feucht.

Ajoutez les formes du verbe «acheter»:

1. *Présent:*

j'_____ , *nous* _____ , *ils* _____

2. *Futur:*

j'_____ , *nous* _____ , *ils* _____

3. *Conditionnel: il* _____

4. *J'ach___te un livre dans une librairie.*

5. *Papa ach___te un jouet à son enfant.*

6. *Maman va ach___ter des légumes au marché.*

> Antiquaire, 15 ans d'expérience, achète **TOUS MEUBLES ANCIENS,** tableaux, poupées, chambres, salles à manger 1900, bibelots, etc. Estimation. Cl. TISON, ▬▬▬ Piacé, tél. ▬▬▬

? *expérience:* Erfahrung; *ancien:* antik; *bibelots:* Nippes; *estimation:* Schätzung.

Complétez:

1. *Xavier est un jeun___ homme aimabl___ .*

2. *M. Dubois est malad___ depuis deux jours; il est difficil___ de le remplacer.*

3. *Ce petit appartement est confortabl___ .*

4. *M. Covin est responsabl___ .*

5. *Renoir était un peintre français célèbr___ .*

> **Alcool à 15 ans**
>
> ■ 50 % des jeunes de 15 ans consomment des boissons alcoolisées au moins une fois par semaine, selon un rapport établi par un médecin du travail de Roanne (Loire) qui a mené pendant trois ans une recherche sur l'alcoolisation des jeunes en milieu scolaire.

? *remplacer:* ersetzen; *peintre:* Maler; *consommer:* trinken; *boisson:* Getränk; *recherche:* Untersuchung.

6   Adjektive: auf -s

Le résultat est mauvais.   Ils sont mauvais.

La dictée est mauvaise.   Elles sont mauvaises.

Ebenso: *anglais, bourgeois, confus, divers, français, gris, précis, promis …*

> Diese Adjektive enden auch im **Maskulinum Singular** auf -s .

→   Adjektive auf -e (Kap. 5)

7   Adjektive: *beau/bel, nouveau/nouvel, vieux/vieil*

le beau monsieur	*les beaux messieurs*
*le **bel** enfant*	*les beaux enfants*
*le **bel h**omme*	*les beaux hommes*
la belle femme	*les belles femmes*
le nouveau modèle	*les nouveaux modèles*
*le **nouvel a**ppartement*	*les nouveaux appartements*
*le **nouvel h**abit*	*les nouveaux habits*
la nouvelle voiture	*les nouvelles voitures*
le vieux grand-père	*les vieux grand-pères*
*un **vieil a**mi*	*les vieux amis*
*le **vieil h**omme*	*les vieux hommes*
la vieille femme	*les vieilles femmes*

> Beachte, dass die Formen *bel, nouvel, vieil* im **Maskulinum Singular** vor Wörtern gebraucht werden, die mit **Vokal oder stummem h-** beginnen.

? *habit:* Kleidungsstück.

Complétez:

1. *porter un manteau gri___*

2. *Le ciel n'est pas bleu___ , il est gri___ .*

3. *un touriste anglai___ et un touriste françai___*

4. *Le café n'est pas bon___ , il est mauvai___ .*

Complétez:

1. *(beau ...) Voici Isabelle: a) Elle a un _____ visage, b) une _____ peau,*

   c) de _____ yeux, d) une _____ bouche, e) de _____ dents.

   f) Elle a de _____ cheveux. g) Elle porte un _____ costume folklorique.

2. *(beau ...) a) admirer un _____ paysage b) C'est un _____ arbre.*

   c) une _____ nuit d) un _____ après-midi e) une _____ matinée

3. *(nouveau ...) a) la mode _____ b) une _____ édition*

   de ce livre c) le N_____ Monde d) les _____ mariés

   e) le _____ élu

4. *(vieux ...) a) la _____ ville b) C'est une _____ histoire.*

   c) un _____ arbre d) On a conduit la _____ dame à l'hôpital.

? *marié:* verheiratet; *élu:* Gewählte.

13

8   Adjektive: Stellung beim Nomen

un **bon** élève	un **jeune** homme
un **mauvais** élève	un **vieil** homme
un **grand** garçon	une **belle** femme
un **petit** garçon	une **jolie** femme

> Die Adjektive *bon, mauvais, grand, petit, jeune, vieux, beau, joli* stehen **immer vor dem Nomen**.

9   Adjektive: Veränderlichkeit

	Aber Deutsch	Aber Englisch
Il est gentil.	Er ist nett.	He is nice.
Elle est gentille.	Sie ist nett.	She is nice.
Ils sont gentils.	Sie sind nett.	They are nice.
Elles sont gentilles.		

> Im Französischen richtet sich das Adjektiv in **Geschlecht** und **Zahl** nach seinem **Beziehungswort**.

J.H., **37 ANS**, célibataire, ouvrier sérieux, doux, sobre, simple, franc, calme, recherche jeune femme douce, gentille, franche, pour vie à deux. Ecrire à INTER-RÉGIES,

? *célibataire:* ledig; *sobre:* nüchtern, hier: Nichttrinker.

Complétez:

1. *un* _____ *roman* _____ *(bon)*

2. *un* _____ *roman* _____ *(intéressant)*

3. *un* _____ *roman* _____ *(mauvais)*

4. *une* _____ *maison* _____ *(belle)*

5. *une* _____ *maison* _____ *(vieille)*

6. *une* _____ *maison* _____ *(petite)*

Complétez:

1. *un petit* _____ *appartement*

2. *une petit* _____ *voiture*

3. *une petit* _____ *somme d'argent*

4. *une petit* _____ *ville*

AIR FRANCE RECRUTE

Air France recrute des hôtesses de bord et des stewards. Les candidats doivent répondre aux conditions suivantes : être de nationalité française ou ressortissant de la Communauté économique européenne, être âgé de vingt et un ans au moins et de vingt-six ans au plus, être dégagé des obligations militaires, avoir le niveau baccalauréat, parler couramment anglais (une seconde langue est souhaitée), mesurer entre 1,60 m et 1,75 m pour les hôtesses et entre 1,70 m et 1,88 m pour les stewards.

5.

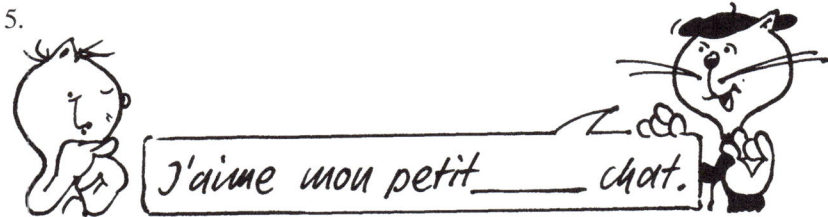

J'aime mon petit _____ chat.

? *recruter:* Personal einstellen; *ressortissant:* Staatsangehöriger; *dégagé:* befreit; *baccalauréat:* Abitur; *couramment:* fließend; *souhaité:* erwünscht.

Adjektive: unregelmäßige Formen (Tabelle)

Adjektive auf -c

blanc/blanche/blancs/blanches
sec/sèche/secs/sèches

Ebenso: *franc*

public/publique/publics/publiques

Ebenso: *caduc, turc*

⚡ **Aber:** *grec/grecque*

Adjektive auf -f

sportif/sportive/sportifs/sportives

Ebenso: *actif, attentif, collectif, naïf, neuf, relatif, tardif, vif …*

bref/brève/brefs/brèves

Adjektive auf -g

long/longue/longs/longues

Adjektive auf -l

amical/amicale/amicaux/amicales

Ebenso: *brutal, central, commercial, égal, familial, local, médical, minéral, national, original, postal, principal, social, spécial, total …*

⚡ **Aber:** *banal/banals, fatal/fatals, final/finals*

naturel/naturelle/naturels/naturelles

Ebenso: *actuel, annuel, criminel, essentiel, exceptionnel, individuel, industriel, intellectuel, maternel, mortel, officiel, paternel, personnel, professionnel, réel, sensationnel, traditionnel, visuel …*

Assistante maternelle agréée cherche ENFANT A GARDER. Tél

pareil/pareille/pareils/pareilles

gentil[ʒãti]/gentille/gentils/gentilles

Adjektive auf -n

bon/bonne/bons/bonnes

Ebenso: *ancien, européen, moyen …*

malin/maligne/malins/malignes

Ebenso: *bénin*

? *sec:* trocken; *caduc:* hinfällig; *tardif:* spät; *bref:* kurz; *annuel:* jährlich; *essentiel:* wesentlich; *maternel:* mütterlich; *assistante maternelle:* Tagesmutter; *visuel:* sichtbar; *gentil:* nett; *malin:* schlau; *bénin:* gutartig.

Adjektive auf -r

étranger/étrangère/étrangers/étrangères **Ebenso:** *dernier, entier, familier, financier, léger, premier, régulier*

cher[ʃɛr]/chère[ʃɛr]/chers[ʃɛr]/chères[ʃɛr] **Ebenso:** *amer, fier*

Adjektive auf -s

bas/basse/bas/basses **Ebenso:** *épais, gras, gros, las*

⚡ **Aber:** *frais/fraîche/frais/fraîches*

Adjektive auf -t

sot[so]/sotte[sɔt]/sots/sottes **Ebenso:** *vieillot*

⚡ **Aber:** *idiot/idiote*

inquiet/inquiète/inquiets/inquiètes **Ebenso:** *complet, concret, discret, secret*

⚡ **Aber:** *muet/muette, net/nette*

Adjektive auf -u

aigu/aiguë/aigus/aiguës **Ebenso:** *ambigu*

Adjektive auf -x

heureux/heureuse/heureux/heureuses **Ebenso:** *affreux, amoureux, courageux, curieux, dangereux, délicieux, fameux, furieux, gracieux, joyeux, luxueux, malheureux, merveilleux, mystérieux, nerveux, nombreux, paresseux, précieux, religieux, sérieux, silencieux …*

faux/fausse/faux/fausses **Ebenso:** *roux*

doux/douce/doux/douces

jaloux/jalouse/jaloux/jalouses

● **Fruits et légumes**
Radis, la botte .... **3,45 F**
Fraises, barquette de 250 g .... **6,95 F**
● **Crème fraîche**
le pot de 50 cl .... **5,90 F**
● **Fromage Chaume**
à la coupe, le kg .... **42,70 F**
● **Pâtisserie**
Tarte aux pommes, 8 personnes .... **15,80 F**

? *amer:* bitter; *fier:* stolz; *épais:* dick; *gras:* fett; *las:* müde; *sot:* dumm; *muet:* stumm; *aigu:* scharf; *ambigu:* vieldeutig; *jaloux:* eifersüchtig.

Adjektiv/Adverb

*L'adjectif et l'adverbe –
ähnlich, aber nicht gleich!*

10   Adjektiv / Adverb: Unterscheidung

Adjektiv	**Adverb**
*Elle est **libre**.*	*Elle décide **librement**.*
*une **vive** discussion*	*Ils discutent **vivement**.*
*Son sourire est **ironique**.*	*Elle sourit **ironiquement**.*
*la **bonne** voiture*	*Elle roule **bien**.*
*un **mauvais** élève*	*Il travaille **mal**.*
*la voiture **rapide***	*Elle roule **vite**.*
*une décision **rapide***	*se décider **rapidement**.*

> Das **Adjektiv** bezieht sich entweder auf ein **Nomen**
> oder auf ein **Pronomen**.
>
> Das **Adverb** bezieht sich meist auf ein **Verb**.
>
> Zu den Adjektiven *bon, mauvais, rapide* gehören die
> Adverbien *bien, mal, vite/rapidement*.

➤   unregelmäßige Adverbien (Tabelle S. 20)

– Si vous ne travaillez pas plus
vite , je serai obligée d'engager
une autre bonne.

– Je vous remercie beaucoup,
madame. J'ai toujours pensé
qu'il y avait du travail pour deux.

? *engager:* einstellen; *bonne:* Dienstmädchen.

	Adjectif	Adverbe

1. *Complétez «prudent» ou «prudemment»:*

   a) *un conducteur* _____ ☒ ☐

   b) *Il conduit* _____ . ☐ ☒

   c) *un alpiniste* _____ ☐ ☐

2. *Complétez «poli» ou «poliment»:*

   a) *saluer* _____ *ses amis* ☐ ☐

   b) *un jeune homme* _____ ☐ ☐

   c) *refuser* _____ *une invitation* ☐ ☐

3. *Complétez «bon» ou «bien»:*

   a) *chercher un* _____ *hôtel* ☐ ☐

   b) *Le lit est* _____ . ☐ ☐

   c) *J'ai* _____ *dormi.* ☐ ☐

4. *Complétez «mauvais» ou «mal»:*

   a) *Le temps est* _____ ; *il pleut.* ☐ ☐

   b) *Le moment est* _____ *choisi.* ☐ ☐

   c) *Les affaires vont* _____ . ☐ ☐

5. *Complétez «rapide» ou «vite»:* ☐ ☐

   a) *Ce train* _____ *roule très* _____ . ☐ ☐

   b) *prendre une décision trop* _____ ☐ ☐

❓ *prudent:* vorsichtig; *poli:* höflich; *refuser:* ablehnen.

11   Adjektiv / Adverb: unregelmäßige Steigerung

Adjektiv

bon	→	*meilleur*	→	*le meilleur*
bonne		*meilleure*		*la meilleure*

Adverbien

bien	→	*mieux*	→	*le mieux*
beaucoup	→	*plus*	→	*le plus*
peu	→	*moins*	→	*le moins*

> Beachte diese **unregelmäßigen** Steigerungsformen!

Adjektiv / Adverb: unregelmäßige Adverbien (Tabelle)

Adjektiv	Adverb
bref, brève	*bri**è**vement*
énorme	*énorm**é**ment*
	Ebenso: *assurément, conformément, confusément, forcément, intensément, précisément, profondément …*
évident, évidente	*évid**emm**ent* [-amã]
	Ebenso: *apparemment, prudemment, récemment …*
bruyant, bruyante	*bruy**am**ment* [-amã]
	Ebenso: *constamment, élégamment, suffisamment …*
gentil, gentille	*gent**i**ment*
vrai, vraie	*vr**ai**ment*
	Ebenso: *absolument, aisément, hardiment, poliment …*

? *bref:* kurz; *assurément:* sicherlich; *forcément:* gezwungenermaßen; *évident:* offensichtlich; *bruyamment:* laut; *constamment:* beständig; *prudemment:* vorsichtig; *récemment:* kürzlich; *gentil:* freundlich; *aisément:* ohne Schwierigkeiten; *hardiment:* kühn.

Complétez:

1. *Alain est un bon copain; il est mon _____ ami.*

2. *Je l'aime bien, je l'aime _____ que les autres.*

3. *Nous passons beaucoup de temps ensemble; je passe avec lui _____ de temps*
   qu' avec mes autres camarades.

Test zur Tabelle

Quel est l'adverbe?

1. *prudent, prudente*

2. *forcé, forcée*

3. *énorme*

4. *récent, récente*

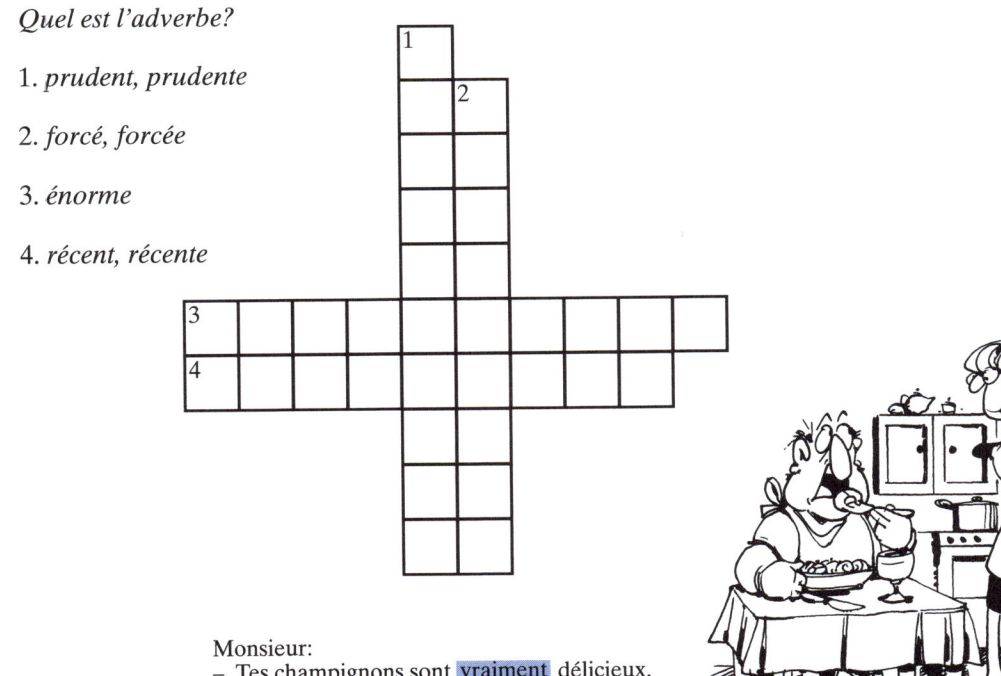

Monsieur:
– Tes champignons sont vraiment délicieux,
ma chérie. Où as-tu trouvé la recette?

Madame:
– Dans un roman policier, mon chéri!

? *champignon:* Pilz; *délicieux:* köstlich; *roman policier:* Kriminalroman.

12   *agir*

*Dans ce texte, **il** s'agit de la politique.*

*Dans cet article de journal, **il** s'agit d'un accident.*

> *il s'agit de* kann **nur unpersönlich** gebraucht werden
> (mit *il* = es).

13   *aider qn*

	Aber Deutsch
Il aide ✘ *son frère.*	Er hilft seine**m** Bruder.
*Il **l'**aide à faire ses devoirs.*	Er hilft **ihm**, seine Hausaufgaben zu machen.
*(aider **qn** à faire qc)*	

> Beachte: „jemande**m** helfen": *aider **qn*** (⚡ nicht: *à qn!*)

→   *suivre qn* (Kap. 167)

14   **Altersangaben**

Aber Deutsch

*Elle **a** trente-cinq ans.*   Sie **ist** fünfunddreißig.

*Ses enfants **ont** dix et onze ans.*   Ihre Kinder **sind** zehn und elf Jahre alt.

Aber Englisch

She **is** thirty-five.

Her children **are** ten and eleven years old.

> Im Französischen wird die **Altersangabe** mit dem Hilfs-
> verb *avoir* ausgedrückt.

Test 12

Complétez:

1. *De quoi* _____ *dans ce roman?*

2. *Dans ce roman,* _____ *un grand amour.*

3. *Dans ce chapitre,* _____ *la première rencontre des deux amoureux.*

? *rencontre:* Treffen; *amoureux:* Verliebter.

Test 13

Traduisez:

1. *J'aide* _____ . (meiner Mutter)

2. *J'aide* _____ . (meinem Vater)

3. *Je* _____ *aide.* (ihm)

4. *J'aide* _____ . (meinen Freunden)

5. *Je* _____ *aide.* (ihnen)

Test 14

Traduisez les phrases allemandes:

1. *Sandrine va se marier.*
   (Sandrine ist 20 Jahre alt.)

   a) _____
   (Ihr Freund ist 25 Jahre alt.)

   b) _____

2. *Sandrine n'a plus de père.*
   (Er war 60 Jahre alt …)

   _____

   au moment de sa mort.

> « Mes parents ont divorcé quand j'avais quatre ans. Mon frère en avait neuf et ma sœur douze. Nous avons été confiés à la garde de ma mère. Pendant un an, mon père est venu nous voir un week-end sur deux. Puis, refusant de voir ma mère, il n'est plus venu. J'ai maintenant dix-huit ans, et voici douze ans que je n'ai pas vu mon père. » (Anne, ████ Triste litanie pour des enfants prétendus rois... Que faire ?

? *divorcer:* sich scheiden lassen; *confier:* anvertrauen; *refuser:* ablehnen; *litanie:* Litanei; *prétendu:* angeblich; *roi:* König.

15 Anführungszeichen

«La liberté» selon Sartre …

Descartes a dit: «Je pense, donc je suis.»

> Die Anführungszeichen (*guillemets*) dienen dazu, ein
> Wort hervorzuheben oder ein Zitat anzuzeigen.

? *Sartre:* französischer Philosoph und Schriftsteller;
Descartes: französischer Philosoph; *donc:* folglich.

Apostroph

16 Apostroph: ⚡ *le héros*

	Aber
le héros [ləero]	*l'héroïne* [lerɔin]
les héros [leero]	*l'héroïsme*

> Vor *héros* wird das *le* **nicht apostrophiert.**
> (*les* wird vor *héros* nicht gebunden.)

? *héros:* Held; *héroïne:* Heldin.

17 Apostroph: ⚡ *le huit, le onze, le oui, la une*

	Aber
le huit	*l'humanité …*
le onze, le oui	*l'océan …*
la une (= 1. Seite der Zeitung)	*l'uniforme …*

> *le* und *la* werden **nicht apostrophiert** vor den Wörtern
> *huit, onze, oui* und *une.*

Quels mots, quelle phrase faut-il mettre entre guillemets?

1. *croire   au   progrès   de   l'humanité*

2. *Nous   avons   lu   la   fable   Le   loup   et   l'agneau   de   La   Fontaine.*

3. *Selon   La   Fontaine: La   raison   du   plus   fort   est   toujours   la   meilleure.*

? *progrès:* Fortschritt; *humanité:* Menschheit; *loup:* Wolf; *agneau:* Lamm;
La Fontaine: französischer Autor; *raison:* Argument.

Test 16

Ajoutez l'article:

1. *J'ai vu un film avec Jean Gabin; j'aime _____ héros de ce film.*

2. *Jeanne d'Arc est _____ héroïne nationale des Français.*

3. *J'admire _____ héroïsme des Bourgeois de Calais.*

? *Bourgeois de Calais:* Bürger von Calais (sechs Männer, die sich im 14. Jh. den feindlichen Engländern
auslieferten, um die Stadt zu retten).

Test 17

Ajoutez l'article:

1. _____ *onze novembre*

2. _____ *onze de France (= l'équipe de football)*

3. _____ *oui au référendum*

4. *Cette affaire est à la _____ de tous les journaux.*

5. _____ *union fait la force.*

? *équipe de football:* Fußballmannschaft; *référendum:* Volksentscheid; *force:* Stärke.

18   Apostroph: bei *que*

	Aber
Qu'est-ce que c'est?	*Qui est-ce?*
C'est Sandrine qu'il voit?	*C'est Sandrine qui arrive?*

> *que* wird apostrophiert,
> Achtung: *qui* wird nicht apostrophiert.

19   Apostroph: bei *si*

	Aber
s'il vient …	*si elle vient …*
s'ils viennent …	*si on vient …/si l'on vient …*
	si Alain vient …

> *si* wird nur vor *il, ils* apostrophiert.
>
> (Neben *si on* ist auch *si l'on* richtig.)

20   *s'approcher de*

	Aber Englisch
Il s'approche de la porte.	The ship is approaching ✗ the quay.
Elle s'approche de lui.	

Ebenso

Il s'éloigne de la porte.

Elle s'éloigne de lui.

> Beachte: *s'approcher de qc/de qn*

Ajoutez «qui» ou «que»:

1. _____ a téléphoné?

2. _____ êtes-vous?

3. C'est Sandrine _____ est partie?

4. Avec _____ est-elle partie?

5. Voici la lettre _____ elle a écrite.

6. _____ allez-vous faire?

Qu'est-ce qui se passe?

Ajoutez «si»:

1. ___ elle est d'accord …

2. ___ il est aussi d'accord …

3. ___ elle les avait vus …

4. ___ ils les avaient vus …

Complétez:

1. *approcher la tasse* _____ *ses lèvres*

2. *approcher la table* _____ *la fenêtre*

3. *Alain s'approche* _____ *but.*

? *lèvres:* Lippen; *but:* Ziel.

21 *après / après que*

Präposition	**Konjunktion**
après le petit déjeuner	*Après qu*'il eut pris le petit déjeuner …
après son départ	*Après qu*'il fut parti …

Aber Englisch

after breakfast	**After** he had had his breakfast …
after his departure	**After** he had left …

> *après* ist eine **Präposition**.
>
> *après que* ist eine **Konjunktion** und leitet immer einen Nebensatz ein.

➞ weitere Präpositionen/Konjunktionen (Kap. 33, 62, 92, 111)

männlich oder weiblich?

Artikel

22 Artikel: Automarken

	Aber Deutsch
une auto	**ein** Auto
une voiture	**ein** Wagen
une Renault	**ein** Renault
une Mercédès	**ein** Mercedes

> Im Französischen sind alle Automarken **weiblich**.

A vendre **PASSAT VOLKSWAGEN**, 1987, blanche, 32.000 km, 53.000 F, première main, libre 14 avril. Téléphoner au

Ajoutez «après» ou «après que»:

1. _____ *le repas …*

2. _____ *le repas fut fini …*

3. _____ *la fin de la messe …*

4. _____ *la guerre …*

5. _____ *tout fut fini …*

6. _____ *tous les invités eurent quitté la salle …*

? *repas:* Essen; *sieste:* Mittagsschlaf.

Test **22**

Complétez:

1. *Tu achètes _____ Peugeot?*

2. *Moi, j'ai _____ Volkswagen.*

3. *M. Dubois est très content de _____ Citroën.*

Lionel AUBOUIN et sa BMW M3 en action.

23 Artikel: Eigennamen

	Aber
demander à Pierre	*demander au professeur*
demander à Mme Dubois	*demander à la dame*
la voiture de M. Dubois	*la voiture du directeur*
parler de Sandrine	*parler de la voisine*

> Vor Eigennamen steht **kein Artikel.**
>
> (Auch nicht, wenn *monsieur, madame, mademoiselle* vorausgehen.)

24 Artikel: Ländernamen

la France	*la Suisse*
la Belgique	*la Chine …*

> Die meisten Ländernamen sind **weiblich.**

Achtung Ausnahmen: Einige wenige sind **männlich**!

le Brésil	*le Luxembourg*
le Canada	*le Mexique*
le Danemark	*le Portugal*
le Japon	*le Pérou*
le Liban	*le Vénézuéla …*

➞ *à / en* vor Ländernamen (Kap. 3)

1. *Ajoutez «à», «au»:*

   a) *parler _____ patron* b) *parler _____ M. Dupont* c) *téléphoner _____ directeur*

   d) *téléphoner _____ Jean* e) *téléphoner _____ Madame Dubois*

2. *Ajoutez «de», «de l'»:*

   a) *C'est l'adresse _____ Sandrine.* b) *Voici l'adresse _____ Mme Dubois.*

   c) *Tu as l'adresse _____ hôtel?*

Ajoutez l'article:

1. _____ *France* 2. _____ *Canada* 3. _____ *Luxembourg* 4. _____ *Suisse*

5. _____ *Belgique* 6. _____ *Pologne* 7. _____ *Chine* 8. _____ *Japon*

9. _____ *Pérou*

? *souris:* Maus.

25   Artikel: Nomen auf -*age*

	Aber Deutsch
le garage	**die** Garage
le passage	**die** Passage
le reportage	**die** Reportage

> Die Nomen auf **-*age*** sind im Französischen **männlich.**
> (Im Deutschen sind die Nomen auf -age weiblich.)

⚡ **Achtung Ausnahmen:** *la cage, la page, la plage, la rage, une image.*

❓ *cage:* Käfig; *rage:* (Toll-)Wut.

26   Artikel: Nomen auf -*eur*

Konkreta	**Abstrakta**
le directeur, le moteur, le lecteur ...	*la douleur, une erreur, la grandeur* ...

> Nomen auf **-*eur*** sind **männlich**, wenn sie etwas Konkretes bezeichnen.

⚡ **Achtung Ausnahmen:** *la sueur, la vapeur*

> Nomen auf **-*eur*** sind **weiblich**, wenn sie etwas Abstraktes bezeichnen.

⚡ **Achtung Ausnahmen:** *le bonheur, le malheur, un honneur*

❓ *douleur:* Schmerz; *erreur:* Irrtum; *sueur:* Schweiß; *vapeur:* Dampf; *honneur:* Ehre.

27   Artikel: Nomen auf -*té*

la nationalité, la liberté, la volonté ...

> Die meisten Nomen auf **-*té*** sind **weiblich**.

⚡ **Achtung Ausnahmen:** *le comité, le côté, le député, un été, le pâté, le traité* ...

❓ *volonté:* Wille; *été:* Sommer; *pâté:* Pastete; *traité:* Vertrag.

Ajoutez «un», «une»:

1. *faire _____ reportage* 2. *lire _____ page de ce livre* 3. *citer _____ passage*

4. *avoir _____ garage* 5. _____ *nuage* 6. *faire _____ mariage d'amour*

COMEDIE-FRANÇAISE
La Société des Comédiens Français
"LE MARIAGE DE FIGARO"
de Beaumarchais. Mise en scène d'Antoine Vitez.

? *nuage:* Wolke.

Test **26**

Ajoutez l'article:

1. _____ *moteur* 2. _____ *directeur* 3. _____ *douleur* 4. _____ *grandeur*

5. _____ *auteur* 6. _____ *visiteur* 7. _____ *fraîcheur* 8. _____ *bonheur*

9. _____ *malheur* 10. _____ *vapeur* 11. _____ *longueur* 12. _____ *chaleur*

Sont féminins: *la douleur,* _____

_____ .

Sont masculins: *le moteur,* _____

_____ .

? *fraîcheur:* Frische; *chaleur:* Wärme.

Test **27**

Ajoutez «un», «une»:

1. _____ *amitié sincère*

2. *Alain, malgré ses défauts, a _____ côté sympathique.*

3. *Voici _____ député de la majorité.*

4. *parler avec _____ simplicité qui touche le cœur*

? *sincère:* aufrichtig; *défaut:* Fehler; *majorité:* Mehrheit.

Artikel (Tabelle)

Folgende Wörter lauten im Deutschen und im Französischen ähnlich, haben aber unterschiedliche Artikel:

Französisch	**Deutsch**		
Maskulinum	**Femininum**		

un abricot	**eine** Aprikose	*le* mark	**die** Mark
un ananas	**eine** Ananas	*le* masque	**die** Maske
un axe	**eine** Achse	*le* melon	**die** Melone
le banc	**die** Bank (Sitz)	*le* microbe	**die** Mikrobe
le bar	**die** Bar	*le* million	**die** Million
le beurre	**die** Butter	*le* milliard	**die** Milliarde
le bouillon	**die** Bouillon	*le* narcisse	**die** Narzisse
le bronze	**die** Bronze	*le* nez	**die** Nase
le buste	**die** Büste	*le* nombre	**die** Nummer
le canon	**die** Kanone	*le* numéro	**die** Nummer
le carrosse	**die** Karosse	*un* opéra	**eine** Oper
le chiffre	**die** Ziffer	*un* ordre	**eine** Ordnung
le chocolat	**die** Schokolade	*le* parti	**die** Partei
le cigare	**die** Zigarre	*le* passage	**die** Passage
le citron	**die** Zitrone	*le* plat	**die** Platte
le comique	**die** Komik	*le* platane	**die** Platane
le contrôle	**die** Kontrolle	*le* rallye	**die** Rallye
le crabe	**die** Krabbe	*le* rat	**die** Ratte
le cyclone	**die** Zyklone	*le* reportage	**die** Reportage
le débat	**die** Debatte	*le* rôle	**die** Rolle
le diocèse	**die** Diözese	*le* tour	**die** Tour
le diagnostic	**die** Diagnose	*le* tube	**die** Tube
le domaine	**die** Domäne	*un* uniforme	**eine** Uniform
un épisode	**eine** Episode	*le* vase	**die** Vase
un étage	**eine** Etage	*le* violon	**die** Violine
le flanc	**die** Flanke	etc.	
le front	**die** Front		
le fruit	**die** Frucht		
le gage	**die** Gage		
le garage	**die** Garage		
le geste	**die** Geste		
le graphique	**die** Grafik		
le groupe	**die** Gruppe		
un hymne	**eine** Hymne		
le jury	**die** Jury		

Bessé-sur-Braye
● **Grande Foire de printemps :** 21 heures, un dîner dansant, avec orchestre, se déroulera à la salle des fêtes.

Französisch	Deutsch
Femininum	**Maskulinum/Neutrum**

une alarme	**ein** Alarm	*la* place	**der** Platz
une ancre	**ein** Anker	*la* planète	**der** Planet
une auto	**ein** Auto	*la* platine	**das** Platin
une aventure	**ein** Abenteuer	*la* pompe	**der** Pomp
la barbe	**der** Bart	*la* porcelaine	**das** Porzellan
la bière	**das** Bier	*la* poudre	**der** Puder
la boxe	**das** Boxen	*la* radio	**das** Radio
la carpe	**der** Karpfen	*la* rime	**der** Reim
la chanson	**das** Chanson	*la* salade	**der** Salat
la chicorée	**der** Chicorée	*la* salle	**der** Saal
la comète	**der** Komet	*la* selle	**der** Sattel
la compote	**das** Kompott	*la* solde	**der** Sold
la croix	**das** Kreuz	*la* terreur	**der** Terror
la danse	**der** Tanz	*la* topaze	**der** Topas
la date	**das** Datum	*la* tour	**der** Turm
la dictée	**das** Diktat	*la* tumeur	**der** Tumor
la dispute	**der** Disput	*une* urine	**ein** Urin
la dynamite	**das** Dynamit	*la* valse	**der** Walzer
une entrée	**ein** Entree	*la* vitamine	**das** Vitamin
une étoffe	**ein** Stoff	etc.	
la fenêtre	**das** Fenster		
la fête	**das** Fest		
la forêt	**der** Forst		
une hormone	**ein** Hormon		
une idole	**ein** Idol		
une interview	**ein** Interview		
la liqueur	**der** Likör		
la marche	**der** Marsch		
la mer	**das** Meer		
la molécule	**das** Molekül		
la nasale	**der** Nasal		
la nicotine	**das** Nikotin		
la nuque	**der** Nacken		
la paire	**das** Paar		
la photo	**das** Foto		

● *Quel est le rôle de la Croix-Rouge Française ?*
Assurer l'aide sociale et humanitaire, en France et dans le monde en temps de paix, en particulier lors de catastrophes naturelles. Pour cela, la Croix-Rouge Française travaille en lien étroit avec la Ligue des

28   *aussi*

„auch"

*Elle **aussi** est d'accord.*

*Lui **aussi** est venu.*

„daher"

*Ce timbre est rare, **aussi** <u>coûte-t-il</u> cher.*

Il s'est trompé.
*A**ussi** <u>recommence-t-il</u> son calcul.*

> **Mitten im Satz** bedeutet *aussi* „auch".
>
> **Am Satzanfang** bedeutet *aussi* „daher".
> (Danach steht die **Inversion**; das ist die Umstellung von Subjekt und Verb.)

29   Aussprache von *-er*

		Aber	
cher [ʃɛr]	*chère*	*mar**cher***	[-ʃe]
fier [fjɛr]	*fière*	*se mé**fier***	[-fje]
amer [amɛr]	*amère*	*ai**mer***	[-me]

> Beachte die Aussprache dieser drei Adjektive:
> *cher* [ʃɛr], *fier* [fjɛr], *amer* [amɛr].

30   Aussprache von *-eu-*

		Aber			
*il a **eu***	[y]	***eu**ropéen*	[ø]	*p**eu**r*	[œ]
*il **eut***	[y]	*h**eu**reux*	[ø]	*doul**eu**r*	[œ]

> Bei den Formen von *avoir* wird ***eu*** = [y] ausgesprochen.
> Sonst wird ***eu*** = [ø], [œ] ausgesprochen.

Traduisez les phrases allemandes:

1. *J'aime la musique.* (Mein Freund mag auch die Musik.)

_____

2. *Je le connais.* (Er kennt mich auch.)

_____

3. *J'aime la musique classique.* (Daher habe ich viele CDs.)

_____

4. *Il travaille beaucoup.* (Daher hat er Erfolg.)

_____

Je n'ai pas les mêmes opinions politiques que ma famille. Aussi, quand je vais chez moi, je suis mal à l'aise quand la conversation aborde les questions politiques.

? *être mal à l'aise:* sich unwohl fühlen; *aborder:* ansprechen.

Comment faut-il prononcer les mots soulignés?

1. <u>cher</u> ami: [   ]

2. <u>chère</u> maman: [   ]

3. aller chez le <u>boucher:</u> [   ]

4. se <u>coucher</u> tard: [   ]

5. <u>confier</u> un secret à un ami: [   ]

6. être <u>fier</u> de son œuvre : [   ]

7. un chagrin <u>amer:</u> [   ]

Voici quelques mots:

1. <u>eu</u>rovision   2. j'ai pensé à <u>eux</u>   3. elle a <u>eu</u> froid   4. malh<u>eureu</u>x

5. tout à coup elle <u>eut</u> une idée   6. curi<u>eux</u>   7. direct<u>eur</u>   8. le ciel bl<u>eu</u>

On prononce [y]:_____

31   *autre*

un autre/une autre

*Il y a **une autre** difficulté.*

*Il y a **d'autres** difficultés.*

*J'ai vu **un autre** homme.*

*J'ai vu **d'autres** gens.*

de l'autre

*Occupe-toi **de l'autre** affaire.*

*Occupe-toi **des autres** affaires.*

*J'ai besoin **de l'autre** livre.*

*J'ai besoin **des autres** livres.*

> Der Plural von *un autre/une autre* ist *d'autres*.
>
> Der Plural von *de l'autre* ist *des autres*.

32   *avant / devant* („vor")

zeitlich

avant Noël

avant minuit

avant le départ

örtlich

devant la porte

devant l'hôtel

devant la gare

Aber Deutsch

vor Weihnachten

vor der Tür

> *avant* (= vor) ist **zeitlich**; *devant* (= vor) ist **örtlich**.

33   *avant / avant que*

Präposition

***avant** le départ*

***avant** la fin*

Konjunktion

***Avant** qu'il **soit** parti ...*

***Avant** qu'il **ait** fini ...*

Aber Englisch

before the departure

before the end

Before he left ...

Before it is finished ...

> *avant* ist eine **Präposition**.
>
> *avant que* ist eine **Konjunktion** und leitet immer einen Nebensatz ein.
>
> Nach *avant que* steht immer der Subjonctif.
>
> Zusatzhinweis: Zwischen *avant* und dem Infinitiv steht *de: avant de partir*.

➡ weitere Präpositionen / Konjunktionen (Kap. 21, 62, 92, 111)

Complétez:

1. *J'ai vu une autre Porsche. Puis j'ai vu _____ autres Porsches.*

2. *Je me souviens de l'autre voyage à la Martinique. Mon père se souvient aussi*

   _____ autres voyages à la Martinique.

Ajoutez «avant» ou «devant»:

1. *Où est le bureau de poste? _____ la mairie?*

2. *Non, le bureau de poste est juste _____ l'église.*

3. *Philippe et Sandrine ont fixé l'heure de leur rendez-vous.*

   Philippe est arrivé _____ Sandrine.

Bords de mer

■ **MANCHE.** Beau temps après la disparition avant 10 heures de quelques brumes matinales.

Ajoutez «avant» ou «avant que»:

1. *Je l'ai vu _____ le dîner.*

2. *Il est rentré _____ midi.*

3. *Il est rentré _____ il pleuve.*

4. *Viens vite _____ il soit trop tard.*

5. *préparer tout _____ l'arrivée des invités*

6. *préparer tout _____ les invités arrivent*

avoir / être

34 *avoir / être:* *avoir* in zusammengesetzten Zeiten („sein")

		Aber Deutsch
courir:	*il **a** couru*	er **ist** gelaufen
décoller:	*il **a** décollé*	er **ist** gestartet
dérailler:	*le train **a** déraillé*	der Zug **ist** entgleist
être:	*il **a** été*	er **ist** gewesen
fuir:	*il **a** fui*	er **ist** geflüchtet
grandir:	*il **a** grandi*	er **ist** größer geworden
grimper:	*il **a** grimpé*	er **ist** geklettert
grossir:	*il **a** grossi*	er **ist** dicker geworden
maigrir:	*il **a** maigri*	er **ist** abgemagert
marcher:	*il **a** marché*	er **ist** marschiert
nager:	*il **a** nagé*	er **ist** geschwommen
pâlir:	*il **a** pâli*	er **ist** blass geworden
plonger:	*il **a** plongé*	er **ist** getaucht
rougir:	*il **a** rougi*	er **ist** rot geworden
sauter:	*il **a** sauté*	er **ist** gesprungen
suivre:	*il **a** suivi*	er **ist** gefolgt
voler:	*il **a** volé*	er **ist** geflogen
voyager:	*il **a** voyagé*	er **ist** gereist
etc.	*etc.*	etc.

> Diese französischen Verben bilden die zusammenge-
> setzten Zeiten mit *avoir*.
> Ihre deutschen Übersetzungen aber bilden diese
> mit „sein".

Complétez avec le verbe au passé composé:

1. *Mon frère* _____ *en Espagne. (être)*

2. *Il* _____ *toute la journée. (nager)*

3. *Il* _____. *(plonger)*

4. *Il* _____ *avec ma tante. (voyager)*

5. *J'*_____ *mon frère et ma tante à l'aéroport. (accompagner)*

6. *L'avion* _____ *à 2 heures. (décoller)*

7. *L'avion* _____ *à l'heure. (arriver)*

Regarde ce chien, comme il **a** grossi, le monstre.

35   *avoir / être: être* **in zusammengesetzten Zeiten („sein")**

aller, venir,	⟶	*je suis venu*
arriver, partir, retourner,	⟶	*tu es arrivé*
entrer, sortir, demeurer, rester,	⟶	*il est entré*
monter, descendre, tomber,	⟶	*nous sommes montés*
naître, mourir	⟶	*vous êtes nés*

> Lerne diese **14 Verben**, die die zusammengesetzten Zeiten mit *être* bilden.

⚡ **Achtung Ausnahme:**

*J'**ai** sorti **la voiture** du garage.*

*Il **a** monté **la vieille chaise** au grenier.*

> Wenn diese Verben ein **direktes Objekt** bei sich haben, bilden sie die zusammengesetzten Zeiten mit *avoir*.

?   *retourner:* zurückkehren; *demeurer:* bleiben; *naître:* geboren werden; *grenier:* Dachboden.

36   *avoir / être: être* **bei reflexiven Verben**

	Aber Deutsch
*Elle **s'est** bien amusée.*	Sie **hat sich** gut amüsiert.
*Nous **nous sommes** ennuyés.*	Wir **haben uns** gelangweilt.
*Tu **t'es** trompé.*	Du **hast dich** geirrt.

> **Alle reflexiven Verben** bilden im Französischen die zusammengesetzten Zeiten mit *être*.
>
> Im Französischen steht das Reflexivpronomen vor der konjugierten Verbform.

Complétez:

1. *Mme Dubois* _____ *sorti sa Renault du garage.*

2. *Elle* _____ *arrivée au centre commercial; une*

   demi-heure après, elle en _____ *repartie.*

3. *Elle* _____ *monté un grand sac dans sa voiture.*

4. *Elle* _____ *retournée à la maison.*

5. *Quand elle* _____ *entrée dans la maison, elle*

   s'est aperçue qu'elle avait oublié un cadeau

   pour son mari qui _____ *né le 18 mai.*

Le petit Jacques:
– C'est vrai, maman, que je suis né
à minuit?
– Oui, mon chéri.
– J'espère que je ne t'ai pas réveillée…

? *né:* geboren; *réveiller:* aufwecken.

Traduisez:

1. Sie hat sich informiert.

   _____

2. Sie hat sich geärgert. *(se fâcher)*

   _____

Dans un grand magasin: M. Duval
y était entré avec sa femme, mais,
dans la foule, ils se sont perdus.
Il s'adresse à une vendeuse:

– Pardon, mademoiselle, pourriez-vous
me dire où je dois m'adresser?
Je viens de perdre ma femme.

– Quatrième étage. Tout pour
le deuil.

3. Mme Dubois ist in der Stadt spazieren gegangen.

   _____

4. Das Auto ist stehen geblieben. *(s'arrêter)*

   _____

? *grand magasin:* Kaufhaus; *foule:* Menschenmenge; *vendeuse:* Verkäuferin; *perdre:* verlieren; *deuil:* Trauer.

37   *avoir / être:* **zusammengesetzte Zeiten von** *être*

	Ebenso Englisch	**Aber Deutsch**
*il **a** été*	he **has** been	er **ist** gewesen
*ils **ont** été*	they **have** been	sie **sind** gewesen

> *être* bildet die zusammengesetzten Zeiten mit *avoir*.

38   *avoir besoin de*

	Aber Deutsch
*J'**ai besoin** d'argent.*	Ich **brauche** Geld.
*Elle **a besoin de** ce livre.*	Sie **braucht** dieses Buch.

Aber Englisch

I **need** money.

She **needs** this book.

> „brauchen" ist ins Französische mit **drei Wörtern**
> zu übersetzen: *avoir besoin de*.

39   *avoir raison / avoir le droit*

„recht haben"	**„das Recht haben"**
*Oui, oui, tu **as raison**.*	*avoir **le droit** de faire qc*
*Elle **a raison**, bien sûr.*	*J'ai **droit** à une gratification.*

> Unterscheide
>
> | *avoir raison* | recht haben |
> |---|---|
> | *avoir (le) droit* | das Recht haben |

? *gratification:* Sondervergütung.

Complétez:

1. – *Pendant les vacances, j'_____ été sur la Côte d'Azur.*

2. – *Tu _____ été content?*

3. – *Oui, mais mon amie _____ malade pendant trois jours.*

4. *Nous _____ obligés de rentrer plus tôt.*

? *conductrice:* Fahrerin; *percuter:* aufschlagen; *poids lourd:* Lkw;
écraser: zerquetschen; *camion:* Lastkraftwagen; *panneau:* Schild.

● La conductrice d'une auto-
mobile et les quatre enfants,
âgés de 5 à 12 ans, qu'elle
transportait, **ont été** tués,
lundi après-midi à **Annemasse**
(Haute-Savoie), après que leur
véhicule **eut été** percuté à un
carrefour par un poids lourd.
La voiture **a été** écrasée entre
l'avant du camion et un panneau de signalisation.

Test 38

Complétez:

1. *Tu _____ ce livre?*

2. *Non, je n'_____ pas _____ ce livre.*

3. *Pour acheter une moto, Frédéric _____ beaucoup d'argent.*

4. *Pour traduire ce texte difficile, j'_____ un bon dictionnaire.*

5. *Isabelle est fatiguée, elle _____ dormir.*

? *fatigué:* müde.

Test 39

Ajoutez «raison» ou «le droit»:

1. *Sandrine ne se trompe pas, elle a _____ .*

2. *Tu as _____ de protester, parce que moi,
je ne suis pas d'accord non plus.*

3. *On n'a pas _____ de stationner devant l'hôtel.*

? *se tromper:* sich täuschen; *stationner:* parken.

40 *beaucoup*

	Aber Deutsch
Mon oncle travaille ✘ *beaucoup.*	Mein Onkel arbeitet **sehr** viel.
Il a ✘ *beaucoup d'argent.*	Er hat **sehr** viel Geld.

> Das Adverb *beaucoup* kann nicht durch andere Adverbien (z. B. *très*) ergänzt werden.

41 -ç- oder -c- (= Aussprache [s])

-ce-, -ci-: [se], [si]	*-ça-, -ço-, -çu-:* [sa], [sɔ], [sy]
certain	*français*
*la ré**ce**ption*	*c'est **ça***
*i**ci***	*le gar**ço**n*
*mer**ci***	*la fa**ço**n*
	*il a re**çu***
	*un aper**çu***

> „c" vor *e, i* wird [s] gesprochen.
>
> Wenn „c" vor *a, o, u* wie [s] gesprochen wird, muss es -ç- geschrieben werden.
>
> – oder umgekehrt:
>
> Die Schreibweise -ç- bedeutet, dass „c" vor *a, o, u* wie [s] ausgesprochen wird.

➡ *-ge-* (Kap. 83), *-gu-* (Kap. 87)

Test 40

Traduisez les mots allemands:

1. *Sandrine est* _____ (sehr viel) *plus jeune que son ami.*

2. *Alain lit* _____ (sehr viel).

3. *Il s'est produit* _____ (sehr viele) *d'accidents à ce carrefour.*

Il mange beaucoup .

? *carrefour:* Kreuzung.

Test 41

Complétez -c- / -ç- :

1. *aimer la langue fran___aise*

2. *J'ai aper___u un ami dans la rue.*

3. *prendre des le___ons de danse*

4. *danser avec Fran___oise*

5. *mer___i beaucoup, madame*

**PILOTE
A ONZE ANS**

Aux commandes d'un mo-
nomoteur, un garçon de
onze ans est devenu le plus
jeune pilote à réussir le survol de l'Amérique. Trois
coussins ont été nécessaires
pour le maintenir à hauteur
du cockpit. Le jeune héros
veut maintenant entre-
prendre un tour du monde
aérien.

? *commandes:* Schalthebel; *réussir:* Erfolg haben; *survol:* Überfliegen; *coussin:* Kissen; *maintenir:* halten;
aérien: in der Luft.

42   -ç- oder -c- in Verbformen

Präsens	**Imperfekt**	**Infinitiv**
je commence	*je commençais*	*commencer*
tu commences	*tu commençais*	**Partizip Präsens**
il commence	*il commençait*	*commençant*
nous commençons	*nous commencions*	**Passé simple**
vous commencez	*vous commenciez*	*je commençai*
ils commencent	*ils commençaient*	

Ebenso: *annoncer* (ankündigen), *avancer* (vorrücken), *s'efforcer* (sich bemühen), *exercer* (üben), *forcer* (zwingen), *menacer* (drohen), *prononcer* (aussprechen), *remplacer* (ersetzen) …

> Das `-c-` wird in allen Formen dieser Verben [s] gesprochen.
>
> Vor Endungen, die mit *a* oder *o* beginnen, wird daher `-ç-` geschrieben.

→ *recevoir* (Kap. 148)

→ weitere Verben auf `-er` mit Besonderheiten (Kap. 4, 69, 73, 84, 96, 110, 184)

43   *caractère*

	Aber Deutsch	**Aber Englisch**
*le **c**aractère*	der **Ch**arakter	the **ch**aracter

> *caractère* wird vorn nur mit **c-** geschrieben.

44   *ce / se*

„dies/dieses"	**„sich"**
***Ce** sont mes amis.*	*Le soleil **se** couche.*
*dans **ce** chapitre*	*Le texte **se** compose de deux parties.*

> Unterscheide
>
> *ce*   dies, dieses
> *se*   sich

→ *ces / ses* (Kap. 45)

Ajoutez les formes du verbe «commencer»:

1. *Présent:* je _____ , *nous* _____ , *ils* _____

2. *Imparfait:* je _____ , *nous* _____ , *ils* _____

3. *Nous commen___ons la visite de la ville par le château.*

4. *Les repas commen___aient par des hors-d'œuvres variés.*

? *repas:* Essen; *hors-d'œuvre:* Vorspeise.

Complétez:

1. *analyser le ___aractère de ce personnage du roman*

2. *Voici un trait ___aractéristique de ce personnage.*

3. *Il a un bon ___aractère.*

Ajoutez «ce» ou «se»:

1. *Elle _____ est réveillée _____ matin à six heures.*

2. *_____ chapitre _____ compose de deux parties.*

3. *J'ai lu _____ passage à la page vingt.*

4. *J'ai réfléchi à _____ qui _____ est passé.*

? *se réveiller:* aufwachen; *réfléchir:* nachdenken.

45   *ces / ses*

„diese"

Je comprends **ces** idées.

Je connais **ces** garçons.

„seine, ihre"

Il m'explique **ses** idées.

Ce sont **ses** amis.

Unterscheide

ces	diese
ses	seine, ihre

➡ *ce/se* (Kap. 44)

46   *chaque / chacun / quelqu'un*

Aber

*cha**qu**e*   *cha**c**un*

*quel**qu**'un*

Mit **-qu-** schreibt man *chaque* und *quelqu'un*.

Mit **-c-** schreibt man *chacun*.

---

47   *cher / bon marché*

Les skis sont chers.

La viande est ch**è**re.

Les skis sont bon marché**✗**.

La viande est bon marché**✗**.

Im Gegensatz zu *cher, chère* („teuer") bleibt *bon marché* („billig") immer unverändert.

Ajoutez «ses» ou «ces»:

1. – *Où sont mes valises? demande M. Dubois. M. Dubois cherche* _____ *valises.*

2. – _____ *valises sont à vous, monsieur?*

3. *Mme Dubois n'a pas* _____ *clefs.*

4. *Elle cherche* _____ *clefs partout.*

5. *Son mari trouve des clefs.* – _____ *clefs sont à toi, Brigitte?*

? *valise:* Koffer; *clef:* Schlüssel.

Complétez:

1. *cha*_____*un d'entre nous*

2. *cha*_____*e membre de la famille*

3. *Cha*_____*un le dit.*

4. *Quel*_____*un vous a demandé, monsieur?*

5. *À cha*_____*un ses idées.*

? *membre:* Mitglied; *morsure:* Biss; *vacciner:* impfen; *rage:* Tollwut; *préventivement:* vorbeugend; *réapparition:* Wiederauftreten.

500.000 personnes consultent **chaque** année un médecin à la suite d'une morsure de chien. Mais il faut multiplier ce chiffre par trois ou quatre pour obtenir le chiffre réel des morsures. 15.000 personnes, selon le professeur ▮▮▮ se font **chaque** année vacciner contre la rage, préventivement (aucun cas de rage humaine n'ayant été constaté en France depuis 1968, date de la réapparition de la maladie dans notre pays).

	cher	bon marché
1. *Ces produits* (m pl) *sont*	_____	/ _____ .
2. *Ces marchandises* (f pl) *sont*	_____	/ _____ .
3. *Les pommes* (f pl) *de terre sont*	_____	/ _____ .
4. *La viande est*	_____	/ _____ .

48   *chez*

	Aber Deutsch
*aller **chez** le boulanger*	**zum** Bäcker gehen
*aller **chez** le médecin*	**zum** Arzt gehen
*envoyer qn **chez** le psychiatre*	**zum** Psychiater schicken

> „Zu jemandem gehen/fahren/kommen …" ist zu übersetzen: *aller/venir **chez** qn.* (⚡ nicht ~~à qn~~)

49   *ciseaux, lunettes, mathématiques*

***les** ciseaux (m)*	Schere
***les** lunettes (f)*	Brille
***les** mathematiques (f)*	Mathematik

Beachte:

deux paires de ciseaux	**zwei** Scheren
deux paires de lunettes	**zwei** Brillen

> Diese Nomen stehen im Französischen immer im Plural.

50   *comme / comment* („wie")

Vergleich	**Frage**
*Il est riche **comme** Crésus.*	***Comment** allez-vous?*
*Il écrit **comme** il parle.*	*Je lui demande **comment** il trouve la nouvelle voiture.*

Aber Deutsch

Er ist reich **wie** Krösus.	**Wie** geht es Ihnen?

> Unterscheide
>
> *Comme* heißt „wie" und steht im Vergleich.
> *Comment* heißt „wie" und leitet eine direkte oder indirekte Frage ein.

? *Crésus:* Krösus, der reichste Mann der Antike.

Ajoutez «chez» ou «à»:

Mme Dubois dit:

1. *Je vais _____ le coiffeur,* 2. *_____ le boulanger,* 3. *_____ le*

boucher et 4. *_____ le dentiste.* 5. *Je vais aussi _____ la poste.*

6. *Ensuite je vais _____ la voisine.*

Traduisez:

1. die Schere suchen: _____

2. eine Brille tragen: _____

3. Mathematik studieren: _____

4. zwei Brillen: _____

COURS DE SOUTIEN EN MATHÉMATIQUES
Stages du 13 au 17 février
2ᵉ - 1ʳᵉ - Terminale

? *cours de soutien:* Nachhilfe; *stage:* Kurs; *2ᵉ,1ʳᵉ, terminale (= seconde, première, terminale):* die drei letzten Klassen vor dem *baccalauréat.*

Complétez:

1. *blanc _____ la neige*

2. *rapide _____ l'éclair*

3. *_____ écrit-on ce nom?*

4. *Je ne sais pas _____ on écrit ce nom.*

5. *_____ trouvez-vous ce roman?*

– Minou, comment appelle-t-on un cannibale qui a mangé son père et sa mère?
???
– Un orphelin!

? *neige:* Schnee; *éclair:* Blitz; *orphelin:* Waisenkind.

51   *conduire / aller* („fahren")

Aber Deutsch

*Il **conduit** la Renault.*   Er **fährt** den Renault.

*Elle **va** avec lui.*   Sie **fährt** mit.

Unterscheide

„fahren" (= Fahrer sein)   *conduire*
„fahren" (= transportiert werden)   *aller*

---

52   *côté / côte*

„Seite"   **„Küste"**

le côté *gauche de la maison*   **la Côte** *d'Azur*

*d'**un côté** …d'un autre **côté***   *sur **la côte***

*de tous les **côtés***   **une côte** *sableuse*

Unterscheide

le côté (männlich!)   die Seite
la côte (weiblich!)   die Küste

?   *sableux,-euse:* Sand-

53   *couleur / peinture* („Farbe")

*une photo en **couleurs***   *un pot de **peinture***

*une **couleur** claire*   *Attention, **peinture** fraîche!*

Aber Deutsch

eine helle **Farbe**   Vorsicht, frische **Farbe**!

Unterscheide

„Farbe" (Sinneseindruck)   *la couleur*
„Farbe" (Substanz, Flüssigkeit)   *la peinture*

Ajoutez «aller» ou «conduire»:

1. *Sandrine et moi, nous _____ en voiture à Paris.*

2. *Où _____-vous pendant les vacances?*

3. *Voici mon permis de _____ .*

4. *M. Duval _____ très prudemment.*

5. *Aujourd'hui il a trop bu, c'est donc sa femme qui_____ .*

? *prudemment:* vorsichtig.

Ajoutez «le côté» ou «la côte»:

1. *On peut entrer dans la maison par _____ gauche.*

2. *passer ses vacances sur _____ d'Azur*

3. *En Bretagne, _____ est rocheuse.*

4. *Voici _____ ensoleillé du jardin.*

5. *prendre la vie du bon _____*

■■■■ Stationnement interdit
du 1er au 15 du mois du côté de
ce panneau.

? *rocheux:* felsig; *ensoleillé:* sonnig; *stationnement:* Parken; *panneau:* Schild.

Ajoutez «couleur» ou «peinture»:

1. *un tube de _____ verte*

2. *une robe de _____ rouge*

3. *des photos en _____s*

4. *La _____ commence à sécher.*

5. *acheter de la _____ à l'huile*

6. *C'est de la*

_____

VERT

? *sécher:* trocknen.

54 *créer*

Dieu crée la terre.

Dieu a créé la terre.

...la terre que Dieu a créée.

Ebenso: *agréer* (akzeptieren)

> Der **Stamm** dieses Verbs ist `cré-` .
>
> Daran werden die üblichen **Endungen** der Verben
> auf `-er` angefügt.

? *créer:* (er)schaffen.

55 *de* („über")

*parler **de** qc*	⟶	**über** etwas sprechen
*s'entretenir **de** qc*	⟶	sich **über** etwas unterhalten
*informer qn **de** qc*	⎱	
*prévenir qn **de** qc*	⎰ ⟶	jemanden **über** etwas informieren
*rire **de** qc*	⟶	**über** etwas lachen
*se réjouir **de** qc*	⟶	sich **über** etwas freuen
*se moquer **de** qc*	⟶	sich **über** etwas lustig machen
*se plaindre **de** qc*	⟶	sich **über** etwas beklagen
*s'étonner **de** qc*	⟶	**über** etwas erstaunt sein

> Bei diesen Verben wird das **Objekt mit** *de* angeschlossen.
>
> (Bei den entsprechenden deutschen Verben steht „über".)

Achtung bei *discuter*!
Richtig ist: *discuter* ✘ *politique / discuter **de** politique / discuter **sur** un
événement politique*

Test 54

Complétez:

1. *Ce romancier a cr_____ des personnages très vrais.*

2. *M. Dubois possède une usine que son grand-père a cr_____.*

3. *Cette collection de mode est cr_____ par un grand couturier parisien.*

4. *Le prix littéraire le plus célèbre est celui que Nobel a cr_____.*

? *romancier:* Romanschriftsteller; *vrai:* echt; *usine:* Fabrik; *couturier:* Modeschöpfer.

Test 55

Traduisez:

1. über Herrn Dubois sprechen _____

2. Sie unterhalten sich über Pierre. _____

3. sich über den Preis informieren _____

4. Ich muss Onkel Jules über die Ankunftszeit informieren.

_____

5. Sie hat über den Scherz gelacht. _____

6. Ich freue mich über das gute Ergebnis.

_____

7. Jeder macht sich über Alain und seine Dummheit lustig.

_____

8. Er beklagt sich über die Ungerechtigkeit. _____

9. Ich bin erstaunt über diesen freundlichen Brief.

_____

? Ankunftszeit: *l'heure d'arrivée;* Scherz: *la plaisanterie;* Dummheit: *la bêtise.*

56 *décider à/de*

mit *de*

*Il décide **de** partir.*

*Il décide **de** continuer*

mit *à*

*Il **se** décide **à** partir.*

*Il **se** décide **à** continuer*

*Il **est** décidé **à** partir*

*Il **est** décidé **à** continuer*

> Unterscheide
>
> *décider **de** faire qc*
> ***se** décider **à** faire qc*
> ***être** décidé **à** faire qc*

57 *demander à qn*

Aber Deutsch

*Je **lui** demande.* Ich frage **ihn**.

*Je **leur** demande.* Ich frage **sie**.

*Je demande **à** mon père.* Ich frage mein**en** Vater.

*Je demande **au** professeur.* Ich frage **den** Lehrer.

> Beachte: *demander **à** qn*.
>
> (Im Deutschen wird „fragen" mit einem Akkusativ-objekt verbunden.)

Ajoutez «de» ou «à»:

1. *Tu t'es décidé _____ rester ici?*

2. *Non, je me suis décidé _____ participer à l'excursion.*

3. *Je suis décidé _____ venir avec toi.*

4. *J'ai décidé _____ tenter ma chance.*

? *tenter:* versuchen.

Pssst! J'ai décidé de lui faire peur.

Complétez:

1. *J'ai demandé ce livre _____ libraire.*

2. *Je _____ ai demandé ce livre.*

3. *Frédéric a demandé conseil _____ son ami.*

4. *Il _____ a demandé conseil. (à son ami)*

5. *Alain a demandé _____ Sandrine et _____ Isabelle de venir à la fête du village.*

6. *Il _____ a demandé de venir à la fête.*

? *libraire:* Buchhändler; *conseil:* Rat.

Demonstrativpronomen

58 Demonstrativpronomen: *ce / il / cela* („es" / „das")

ce	*il*	*cela*
C'est vrai.	a) *Il est vrai que la*	*Cela ne fait rien.*
C'est facile.	*critique est facile.*	*Cela m'amuse.*
	Il est facile de critiquer.	
	b) *il faut …*	
	il semble …	
	il pleut …	

Unterscheide

ce (= es/das) steht vor einer Form von *être*.

il (= es) steht

a) vor *être* + Adjektiv, wenn ein *que*-Satz oder ein
   Infinitiv folgen

b) vor unpersönlichen Verben wie *il faut …, il semble …*

cela steht sonst für „es"/„das".

59 Demonstrativpronomen: *ce / c'est*

„dieser", „diese"	„es/das ist"
ce garçon	*C'est un garçon.*
ce malheur	*C'est un malheur.*
cet arbre	*C'est un arbre.*
cette faute	*C'est une faute.*
cet illustre personnage	*C'est un illustre personnage.*

Unterscheide

ce, cet, cette, ces	dieser, diese
c'est	es/das ist

Ajoutez «ce», «il» ou «cela»:

1. _____ fait nuit.

2. _____ pleut depuis une heure.

3. _____ me reste encore du temps libre.

4. _____ ne me plaît pas.

5. _____ me laisse indifférent.

6. _____ est trop difficile pour moi.

7. _____ est possible.

8. _____ n'y a pas de règle sans exception.

> **ℒ**ion
> du 23 7 au 23 8
>
> Acceptez les nouvelles responsabilités que l'on vous offre dans votre travail, même si cela ne vous rapporte rien financièrement parlant. Votre prestige en sera grandi.

> **R**ESTER des heures et des heures au soleil - côté pile et côté face pour se faire dorer comme une sole - d'abord c'est très mauvais pour la peau, ensuite ce n'est pas très motivant pour l'intellect !

? *indifférent:* gleichgültig; *exception:* Ausnahme; *côté pile et côté face:* Rückseite und Vorderseite; *dorer:* goldbraun werden; *sole:* Seezunge; *peau:* Haut.

Ajoutez «ce», «cet», «cette», «c'est»:

1. _____ ami   2. _____ camarade de classe   3. _____ ancien camarade de

classe   4. _____ enfant   5. _____ un enfant de dix ans.   6. corriger _____

erreur   7. _____ une erreur.   8. _____ un texte qui est difficile à comprendre.

9. _____ une faute qui n'est pas très grave.

60 Demonstrativpronomen: *celui(-ci)*

Voici des romans: **Aber**

*Celui-**ci** est intéressant.*   a) *Je prends **celui** ✗ qui est intéressant.*

*J'ai lu celui-**ci**.*   ***Celui** ✗ que j'ai lu est intéressant.*

*Celui-**ci** est de Balzac.*   b) *J'ai lu **celui** ✗ de Balzac.*

Celui, celle, ceux, celles werden **ohne** *-ci* gebraucht
a) vor einem **Relativsatz**,
b) vor einer **Ergänzung mit** *de*.

? *Honoré de Balzac:* französischer Schriftsteller.

61 Demonstrativpronomen: *ces*

ce garçon   *ces garçons*

cet homme   *ces hommes*

cette femme   *ces femmes*

cette voiture   *ces voitures*

Von *ce, cet, cette* gibt es nur eine Pluralform: *ces*.

Complétez:

1. *Je cherche une cravate:* _____ *est très jolie.*

2. *Que dis-tu? Je préfère* _____ .

3. *Elle ressemble à* _____ *de mon père.*

4. *Tu cherches un nouvel appartement? Oui,* _____ *que j'ai maintenant est trop petit.*

5. *As-tu vu* _____ *de M. Dubois?* _____ *est magnifique et pas très cher.*

? *souris:* Maus; *gras:* fett.

Ajoutez l'adjectif démonstratif:

1. _____ *dame* _____ *dames*

2. _____ *visiteur* _____ *visiteurs*

3. _____ *touriste* _____ *touristes*

4. _____ *ami* _____ *amis*

5. _____ *question* _____ *questions*

6. _____ *chat* _____ *chats*

62 *depuis / depuis que*

Präposition

depuis notre arrivée

depuis son mariage

Konjunktion

Depuis que nous sommes arrivés …

Depuis qu'elle est mariée …

Aber Englisch

since our arrival

Since we have arrived …

> *depuis* ist eine **Präposition**.
>
> *depuis que* ist eine **Konjunktion** und leitet immer einen Nebensatz ein.

➡ weitere Präpositionen/Konjunktionen (Kap. 21, 33, 92, 111)

63 *des / dès*

acheter **des** livres

inviter **des** amis

dès le XVIIIe siècle

Ils se connaissent **dès** la fin de la guerre.

> *des* drückt eine unbestimmte Anzahl aus
> (Plural des unbestimmten Artikels).
>
> *dès* ist eine Präposition und bedeutet „von … an".

64 *désirer / souhaiter* („wünschen")

„sich etwas wünschen"

Que **désirez**-vous?

Je **désire** un studio confortable.

„anderen etwas wünschen"

Je **souhaite** que vous réussissiez.

Je vous **souhaite** un bon voyage.

Aber Deutsch

Was **wünschen** Sie?

Ich **wünsche** Ihnen eine gute Reise.

> Unterscheide
>
> *désirer*   sich selbst etwas wünschen
> *souhaiter*   anderen etwas wünschen

? *studio:* Appartement.

Ajoutez «depuis» ou «depuis que»:

> « Si la sécheresse persiste, le pire est à craindre. » Le quartier général de la lutte anti-incendie pour le sud de la France affichait, hier, son pessimisme. Plus de 1 000 hectares de forêt et de broussailles ont été dévastés dans le Midi depuis vendredi dernier.

1. *Le vent souffle _____ deux jours.*

2. *Il pleut _____ ce matin.*

3. *Il pleut _____ nous sommes arrivés.*

4. *_____ cet accident, mon père est infirme.*

5. *_____ il a eu cet accident, il n'a plus voulu conduire.*

? *sécheresse:* Trockenheit; *persister:* anhalten; *lutte:* Kampf; *incendie:* Brand; *afficher:* zeigen; *broussaille:* Buschwerk; *dévasté:* verwüstet; *souffler:* wehen; *infirme:* gebrechlich, behindert.

Ajoutez «des» ou «dès»:

1. *_____ le jour où il a appris ce malheur, il a _____ soucis.*

2. *Je serai à Paris _____ le 15 mai.*

3. *J'y serai avec _____ amis.*

RENAULT
DES VOITURES
A VIVRE

? *soucis:* Sorgen.

Ajoutez «désirer» ou «souhaiter»:

1. *– Bonjour, madame, que _____-vous?*

2. *– Je _____ un kilo de bananes.*

3. *– Vous _____ encore quelque chose?*

   – Non, je pars demain en vacances.

4. *– Eh bien, je vous _____ un bon voyage.*

– Je désire des petites bougies pour le gâteau d'anniversaire de ma femme.
– Je vous en donne combien?
– Trente, comme d'habitude.

? *bougie:* Kerze; *anniversaire:* Geburtstag; *comme d'habitude:* wie üblich.

65   Direkte Rede

Un touriste demande à un paysan:

— *Y a-t-il beaucoup de grands hommes qui sont nés dans votre village?*

Le paysan lui répond:

— *Chez nous, on ne voit naître que des petits enfants.*

> Ein Gedankenstrich *(le tiret)* am Anfang der Zeile
> weist auf die direkte Rede hin.

? *né:* geboren.

66   *-é / -ez / -er* (= Aussprache [e])

*il est tomb**é***	*vous tomb**ez***	*il ne faut pas tomb**er***
*j'ai parl**é***	*vous parl**ez***	*sans parl**er***

> Unterscheide
>
> Das **Partizip Perfekt** der Verben auf *-er* hat die Endung *-é*.
>
> Die **2. Person Plural Präsens** hat die Endung *-ez*.
>
> Der **Infinitiv** dieser Verben hat die Endung *-er*.
>
> Alle werden [e] gesprochen!

67   *écouter / entendre* („hören")

„hören"	**„aufmerksam hinhören"**
entendre un bruit	***écouter*** les informations
entendre tout à coup des cris	***écouter*** un opéra de Mozart

> Unterscheide
>
> *entendre*   hören
> *écouter*   aufmerksam hinhören/zuhören

Mettez les tirets:

1. *Maman demande:*

   Quand seras-tu de retour?

2. *Isabelle répond:*

   Avant minuit, maman.

3. *Très bien, je vais t'attendre, dit sa mère.*

> Pierre lit le journal à son grand-père.
> − D'après les statistiques, à New York, un homme se fait tuer par un accident tous les quarts d'heure.
> Grand-père:
> − Le pauvre homme. Et il n'est pas encore mort?

? *tiret:* Gedankenstrich.

Complétez les phrases avec le verbe «danser»:

1. *Voulez-vous _____?*

2. *Vous _____ très bien, mademoiselle.*

3. *J'aime _____ la valse.*

4. *Elle a _____ toute la soirée.*

5. *J'ai _____ avec Isabelle.*

Obligation de **tourner** à droite avant le panneau.

? *valse:* Walzer.

Complétez:

1. *Alain _____ mal de l'oreille gauche.* 2. *Tu n'as pas _____*

   la sonnette d'alarme? 3. *C'est un plaisir d'_____ cette musique.*

4. *_____ le discours du président de la République*

? *se sauver:* weglaufen.

Je me sauve ... J'ai entendu le chien du voisin.

68   *eh / et*

eh bien!   toi *et* moi

eh quoi?   *et* vous

> Unterscheide
>
> *eh* ist ein Ausruf.
> *et* bedeutet „und".

➤   *et/est* (Kap. 74)

69   *employer* und andere Verben auf *-oyer* und *-uyer*

Präsens	**Futur**	**Konditional**
j'emploie	*j'emploierai*	*j'emploierais*
tu emploies	*tu emploieras*	*tu emploierais*
il emploie	*il emploiera*	*il emploierait*
nous employons	*nous emploierons*	*nous emploierions*
vous employez	*vous emploierez*	*vous emploieriez*
ils emploient	*ils emploieront*	*ils emploieraient*

Ebenso: *aboyer* (bellen), *appuyer* (stützen), *ennuyer* (langweilen), *essuyer* (abwischen), *nettoyer* (sauber machen) …

> Bei diesen Verben steht **-i-** im Präsens (außer 1./2. Person Plural), im Futur, im Konditional.

Ebenso: Präsens von *envoyer* (schicken), aber Futur: ⚡ *il enverra* (➤ Tabelle S. 80)

Achtung: Bei den Verben auf **-ayer** sind in allen Formen **-i-** und **-y-** richtig!

➤   *payer* (Kap. 110)

➤   weitere Verben auf **-er** mit Besonderheiten (Kap. 4, 42, 73, 84, 96, 110, 184)

Test 68

Complétez:

– Tout le monde est là?

1. – _____ *bien, on peut commencer.*

2. – _____*! attendez un peu.*

3. – *Sandrine* _____ *Isabelle manquent encore.*

4. – _____ *bien, attendons encore quelques
   minutes.*

– Qu'est-ce que tu as fait dimanche?
– Eh bien, ma femme voulait aller
au cinéma et moi à la campagne…
– Et qu'est-ce que tu as vu comme film?

? *manquer:* fehlen.

Test 69

Ajoutez les formes du verbe «employer»:

1. *Présent:*

   *j'*_____ , *nous* _____ , *ils* _____

2. *Futur:*

   *j'*_____ , *nous* _____ , *ils* _____

3. *Conditionnel: il* _____

4. *Les Dubois* _____ *une femme de ménage.*

5. *Cette entreprise* _____ *de la main-d'œuvre étrangère.*

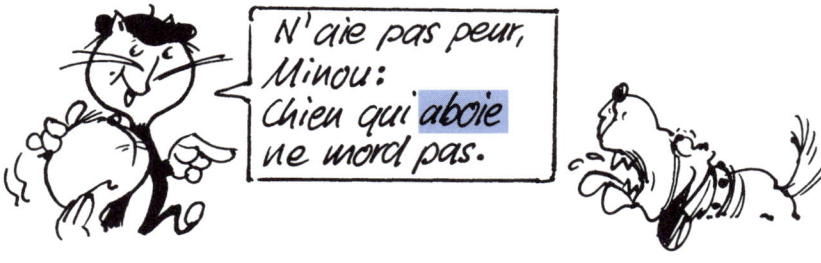

entreprise: Unternehmen; *main-d'œuvre:* Arbeitskräfte; *aboyer:* bellen; *mordre:* beißen.

70   *employer / user*

„benutzen"	**„abnutzen"**	**Aber Englisch**
employer un mot	*user* ses vêtements	to **use** a word
employer du béton	*user* sa santé	

> Unterscheide
>
> | *employer* | benutzen |
> |---|---|
> | *user* | abnutzen |

71   *ensemble*

                                           Aber

*Elles travaillent **ensemble**✗.*   *les grands ensemble**s*** (Nomen) = Wohnblocks

*Les enfants jouent **ensemble**✗.*

> Das Adverb *ensemble* wird nicht verändert, bekommt
> also kein Plural-**s** .

72   *entrer dans, sortir de*

                                             Aber Deutsch

*Il entre **dans** la salle.*   Er betritt ✗ den Raum.

                                             Aber Englisch

                                             He enters ✗ the room.

                                             Aber Deutsch

*Il sort **de** la salle.*   Er verlässt ✗ den Raum.

                                             Aber Englisch

                                             He leaves ✗ the room.

> Beachte
>
> *entrer **dans** qc*
> *sortir **de** qc*

Test 70

Ajoutez «employer» ou «user»:

1. *Il ne faut pas* _____ *ce mot vulgaire.*

2. *M. Duval a* _____ *son veston aux coudes.*

3. *Il faut bien* _____ *son temps.*

4. *Cette expression ne s'*_____ *plus.*

? *veston:* Jacke; *coude:* Ellenbogen.

Test 71

Ajoutez «ensemble»:

1. *Nous allons* _____ *au restaurant.*

2. *Nous y avons déjeuné tous* _____ .

3.

Jls sont partis _____,
et moi, je reste seul.

Test 72

Complétez:

1. *Des visiteurs entrent* _____ *musée.*

2. *D' autres visiteurs sortent* _____ *musée.*

3. *Vers quatre heures, les élèves sortent*

_____ *école.*

4. *Un grand bateau entre* _____
port.

La souris ne
sort pas du trou...

? *port:* Hafen; *souris:* Maus; *trou:* Loch.

73   *espérer* und andere Verben mit *-é- / -è-*

Präsens	**Futur**	
j'espère	*j'espérerai*	[ɛ]
tu espères	*tu espéreras …*	[ɛ]
il espère		
nous espérons	**Konditional**	
vous espérez	*j'espérerais*	[ɛ]
ils espèrent	*tu espérerais …*	[ɛ]

Ebenso: *céder* (nachgeben), *compléter* (vervollständigen), *énumérer* (aufzählen), *exagérer* (übertreiben), *s'inquiéter* (sich beunruhigen), *pénétrer* (eindringen), *posséder* (besitzen), *préférer* (vorziehen), *répéter* (wiederholen) …

> Bei diesen Verben steht *-è-* im Präsens (außer 1./2. Person Plural).
>
> Im Futur und im Konditional wird *-é-* geschrieben, aber [ɛ] gesprochen.

➡ weitere Verben auf *-er* mit Besonderheiten (Kap. 4, 42, 69, 84, 96, 110, 184)

74   *et / est*

et	*est*
*lui **et** moi*	*Il **est** mon ami.*
*le père **et** son fils*	*Le père **est** fâché.*

> Unterscheide
>
> *et* [e]   und
>   (Achtung: keine Bindung vor Vokal und stummem *h*!)
> *est* [ɛ]   ist

➡ *eh/et* (Kap. 68)

? *fâché:* ärgerlich.

Complétez:

1. *Présent: j'esp___re, nous esp___rons, ils esp___rent*

2. *Futur: j'esp___rerai, nous esp___rerons, ils esp___reront*

3. *Conditionnel: il esp___rerait*

4. *Il esp___re encore.*

5. *Il faut l'esp___rer.*

6. *Nous esp___rons vous voir à la fête.*

7. *Elle esp___re en l'avenir.*

En France, plus d'un million de personnes possèdent un aquarium. Et le chiffre serait plus important si beaucoup n'étaient retenus par la peur de la difficulté !

Cédez le passage à l'intersection. Signal de position.

Le chat se lèche le museau.

? *se lécher:* sich lecken; *museau:* Maul; *intersection:* Kreuzung; *retenir:* zurückhalten.

Ajoutez «et» ou «est»:

1. *parler lentement _____ distinctement*

2. *M. Dubois _____ Français.*

3. *lui _____ les autres*

4. *M. Dubois vient avec sa fille _____ son fils.*

5. *les frères _____ les sœurs*

Un jeune homme est avec sa fiancée au restaurant:

– Sais-tu la différence entre un homard grillé et un steak-frites?
– Non.

? *distinctement:* deutlich; *fiancée:* Verlobte; *homard:* Hummer; *garçon:* Herr Ober.

75 *étrange / étranger*

„seltsam"

entendre des bruits **étranges**

un regard **étrange**

„ausländisch"

des touristes **étrangers**

une langue **étrangère**

> Unterscheide
>
> *étrange*   seltsam
> *étranger*   ausländisch

76 *exemple*

	Vergleiche Deutsch	**Vergleiche Lateinisch**	**Aber Englisch**
exemple	Exempel	exemplum	example

> *exemple* wird mit **-e-** geschrieben.

77 *foi / foie / fois* (= Aussprache [fwa])

„Glaube"

la bonne **foi**

la confession de **foi**

„Leber"

manger du **foie** de veau

le pâté de **foie**

„Mal"

une **fois**, deux **fois**

plusieurs **fois**

> Unterscheide
>
> *la foi*   der Glaube
> *le foie*   die Leber
> *la fois*   das Mal

? *confession de foi:* Glaubensbekenntnis; *veau:* Kalb.

Complétez «étrange» ou «étranger»:

1. *Cette nuit, j'ai entendu un bruit* _____ .

2. *A la frontière attendent les camions* _____ s.

3. *apprendre une langue* _____

4. *Tout le monde m'a regardé d'un air* _____ .

Complétez:

1. *Voici un ex___mple.*

2. *Donner un bon ex___mple.*

3. *par ex___mple*

4. *Vous voulez encore un autre ex___mple?*

Je cherche un bon exemple...

Ajoutez «foi», «foie», «fois»:

1. *aller une ou deux* _____ *par mois au restaurant*

2. *la dernière* _____   3. *Il ne faut pas parler tous à la* _____ .

4. *manger du* _____ *gras*

5. *Il n'y a que la* _____ *qui sauve.*

6. *être sans* _____ *ni loi (= n'avoir aucune morale)*

Fragesätze

78 Fragesätze: Bindestrich bei Inversionsfragen

Le temps est-il beau?

Vont-ils à Chamonix?

Que dit-elle?

Que faites-vous?

Beachte: 3. Person Singular

Combien cette voiture coûte-t-elle?

Combien a-t-il payé?

> Wenn das Verb dem Subjektpronomen vorausgeht (Inversion), steht zwischen beiden ein **Bindestrich**.
>
> Bei der **3. Person Singular** wird ein **-t-** eingeschoben, wenn die Verbform nicht schon selbst auf **-t** oder **-d** endet.

79 Fragesätze: indirekte Frage

Der Grund, warum sie nicht gekommen ist …

⚡ Wörtliche Übersetzung nicht möglich!

La raison pour laquelle elle n'est pas venue …
La raison qui explique pourquoi elle n'est pas venue …

Die Frage, ob sie krank ist …

⚡ Wörtliche Übersetzung nicht möglich!

La question de savoir si elle est malade …

> Im Gegensatz zum Deutschen kann im Französischen die indirekte Frage nicht von einem Nomen abhängen.

Complétez:

1. A   qui   as   tu   téléphoné?
2. A   qui   voulez   vous   parler?
3. Qu'as   tu   dit?
4. Que   faut   il   en   penser?
5. Avez   vous   compris?
6. A   qui   faut   il   s'adresser?
7. Qu'y   a   il?
8. Où   va   elle?

?   *s'adresser à:* sich wenden an.

Traduisez:

1. Kennst du den Grund, warum Sandrine abwesend ist?

_____

_____

2. Der Grund, warum der Minister zurückgetreten ist, ist …

_____

_____

80   Fragesätze: „was (?)"

Direkte Frage

Qu'est-ce qui se passe ici?   Was …? (Subjekt)

Qu'est-ce que tu veux?   Was …? (Objekt)

Indirekte Frage

Je me demande ce qui se passe ici.   … was (Subjekt)

Je veux savoir ce que tu veux.   … was (Objekt)

Unterscheide		
	direkte Frage:	indirekte Frage:
Subjekt:	*qu'est-ce qui*	*ce qui*
Objekt:	*qu'est-ce que*	*ce que*

 Relativpronomen *ce qui/ce qu'il* (Kap. 150)

Futur

81   Futur: Bildung

	Aber Deutsch	**Aber Englisch**
je trouverai	ich **werde finden**	I'll (will, shall) **find**
tu apprendras	du **wirst lernen**	you **will learn**
il finira	er **wird beenden**	he will **finish**
nous saurons	wir **werden wissen**	we **will know**
vous viendrez	ihr **werdet kommen**	you **will come**
ils arriveront	sie **werden ankommen**	they **will arrive**

> Im Französischen wird das Futur mit den Endungen *-rai, -ras, -ra, -rons, -rez, -ront* gebildet.
>
> (Im Deutschen und im Englischen wird das Futur mit einem Hilfsverb und dem Infinitiv gebildet.)

Complétez:

1. _____ fais-tu? / _____ tu fais?

2. *Je veux savoir* _____ *tu fais.*

3. *Je me suis demandé* _____ *tu faisais tous les jours.*

4. _____ as-tu vu? / _____ tu as vu?

5. *Dis-moi* _____ *tu as vu.*

6. *Je ne sais pas* _____ *tu as vu.*

? *gémeaux:* Zwillinge (Sternzeichen);
plaisanterie: Spaß.

Ne remettez pas à demain ce que vous pouvez faire aujourd'hui même. Vous avez toutes vos chances.

Gémeaux
du 21 5 au 21 6

Traduisez:

1. Wir werden ins Restaurant gehen.

_____

2. Ich werde ein gutes Restaurant aussuchen.

_____

3. Ich werde Eric und Sylvie einladen.

_____

4. Wir werden über ihre Reise nach Amerika sprechen.

_____ *de leur voyage en Amérique.*

? aussuchen: *choisir.*

Futur: unregelmäßige Formen (Tabelle)

aller	*il ira*	*devoir*	*il devra*
avoir	*il aura*	*recevoir*	*il recevra*
savoir	*il saura*	*falloir*	*il faudra*
être	*il sera*	*tenir*	*il tiendra*
faire	*il fera*	*venir*	*il viendra*
		vouloir	*il voudra*
envoyer	*il enverra*		
voir	*il verra*	*etc.*	
courir	*il courra*		
mourir	*il mourra*		
pouvoir	*il pourra*		

ALLEMAGNE

La matinée sera pluvieuse, l'après-midi verra le retour de quelques éclaircies entrecoupées d'ondées. La température sera en baisse sensible : 15 à 19 degrés.

? *pluvieux:* regnerisch; *éclaircie:* Aufheiterung; *entrecoupé:* unterbrochen; *ondées:* Schauer.

---

82 *futur / avenir* („Zukunft")

grammatischer Begriff

*mettre la phrase au **futur***

*le **futur** simple*

Zukunft allgemein

*penser à l'**avenir***

*avoir un bel **avenir***

Aber das Adjektiv

*la vie **future***

*les jours **futurs***

Aber Englisch

in **future**

have a great **future**

Unterscheide

le futur   (grammatischer Begriff)
l'avenir   („Zukunft" allgemein)

Mettez au futur:

1. *aller: elle* _____

2. *faire: nous* _____

3. *courir: je* _____

4. *pouvoir: ils* _____

5. *venir: tu* _____

6. *être: nous* _____

7. *savoir: elle* _____

8. *voir: il* _____

9. *mourir: elle* _____

10. *tenir: elle* _____

11. *avoir: il* _____

12. *vouloir: vous* _____

Ah ! Ça ira, ça ira !
(Chanson révolutionnaire)

Test 82

Ajoutez «futur» ou «avenir»:

1. *Ce jeune homme aura un bel* _____ .

2. *L'électronique est une carrière d'* _____ .

3. *espérer en un* _____ *meilleur*

4. *le* _____ *simple (par exemple: je viendrai)*

5. *la vie* _____ *e (après la mort)*

«L'avenir est à vous!»

83   *-ge-* (= Aussprache [ʒ])

*l'orangeade, le pigeon, **Ge**org**e**s* …

> Wenn „**g**" vor **a** und **o** wie [ʒ] ausgesprochen wird,
> muss es **-ge-** geschrieben werden.
>
> – oder umgekehrt:
>
> Die Schreibweise **-ge-** bedeutet, dass „**ge**" vor **a** und
> **o** wie [ʒ] ausgesprochen wird.

➡ **-gu** (Kap. 87), **-ç-** oder **-c-** (Kap. 41)

84   *-ge-* in Verbformen

Präsens	Imperfekt	Passé simple
je mange	*je mangeais*	*il mangea* …
tu manges	*tu mangeais*	
il mange	*il mangeait*	**Partizip Präsens**
nous mangeons	*nous mangions*	*mangeant*
vous mangez	*vous mangiez*	
ils mangent	*ils mangeaient*	

Ebenso: *bouger* (bewegen), *changer* (wechseln), *déranger* (stören), *se diriger* (Richtung einschlagen), *envisager* (planen), *exiger* (fordern), *interroger* (befragen), *juger* (urteilen), *nager* (schwimmen), *négliger* (vernachlässigen), *obliger* (verpflichten), *partager* (teilen), *soulager* (erleichtern), *se venger* (sich rächen), *voyager* (reisen) …

> Das „**g**" wird in allen Formen [ʒ] gesprochen.
>
> Vor Endungen, die mit **a** oder **o** beginnen,
> wird daher **-ge-** geschrieben.

➡ weitere Verben auf **-er** mit Besonderheiten (Kap. 4, 42, 69, 73, 96, 110, 184)

? *astre:* Gestirn.

Complétez les mots:

1. *manger une oran_____*

2. *boire une oran_____ade*

3. *Le temps a été chan_____ant.*

4. *na_____er comme un poisson*

5. *traverser la rivière en na_____ant*

6. *Les premiers résultats étaient encoura_____ants.*

MOINS D'ACCIDENTS DE LA ROUTE EN FRANCE

Pour les cinq premiers mois de l'année, le nombre des tués sur les routes a diminué de 8 %, selon le ministre des Transports, ▮▮▮▮▮▮▮▮. Ces résultats encourageants sont la conséquence de la campagne menée en faveur du port de la ceinture de sécurité et contre l'alcoolisme, a expliqué le ministre.

? *encourageant:* ermutigend; *tué:* Getöteter; *selon:* gemäß; *mener:* führen; *port:* (das) Tragen; *ceinture de sécurité:* Sicherheitsgurt.

Ajoutez les formes du verbe «manger»:

1. *Présent:*

   je _____ , nous _____ , ils _____

2. *Imparfait:*

   je _____ , nous _____ , ils _____

3. *Qu'est-ce que nous man_____ons aujourd'hui?*

4. *Allons man_____er au restaurant.*

L'appétit vient en mangeant.

Großschreibung

85   Großschreibung: Adjektive

*le mont **B**lanc*

*l'océan **A**tlantique*

> Adjektive, die zu geografischen Namen gehören,
> werden großgeschrieben.

86   Großschreibung: abgeleitete Nomen

Aber Englisch

*Je parle à un **F**rançais.*	I speak with a **F**renchman.
*J'ai une voiture **f**rançaise.*	I have a **F**rench car.
*le paysage **a**nglais*	the **E**nglish landscape

> Im Französischen werden nur Nomen, die **Personen**
> bezeichnen und von Ländernamen oder Städten abge-
> leitet sind, großgeschrieben.
>
> Adjektive werden kleingeschrieben.

87   *-gu-* (= Aussprache [g])

*elle est fati**gu**ée, la lon**gu**e route,*

*le monolo**gu**e, la **gu**erre …*

> Wenn „**g**" vor *e* und *i* wie [g] ausgesprochen wird,
> schreibt man **-*gu*-** .
>
> – oder umgekehrt:
>
> Die Schreibweise **-*gu*-** bedeutet, dass „**g**" vor *e* und *i*
> wie [g] ausgesprochen wird.

➤   **-*ge*-** (Kap. 83), **-*ç*-** oder **-*c*-** (Kap. 41)

Test 85

Complétez:

1. *la mer ___ouge (R/r)*

2. *l'océan ___ndien (I/i)*

3. *la Forêt ___oire (N/n)*

4. *les départements ___rançais (F/f)*

5. *le territoire ___ational (N/n)*

Test 86

Complétez par f- ou F- :

1. *la langue ___rançaise*

2. *la langue parlée par les ___rançais*

3. *le territoire ___rançais*

4. *la République ___rançaise*

5. *écrire une lettre en ___rançais à une belle ___rançaise*

« Le Québecois n'est pas un Français qui habiterait en Amérique du Nord, mais bien un Américain parlant français », explique Paul-Yves Bé

Test 87

Complétez:

1. *Je suis fati_____é après cette lon_____e route.*

2. *Après la visite, on donne un pourboire au g_____ide.*

3. *Apprendre la lan_____e française.*

LE NOUVEAU COMBAT DE BRIGITTE BARDOT
Elle part en guerre contre le trafic d'ivoire, pour sauver les éléphants.

? *Brigitte Bardot:* Schauspielerin; *trafic:* (illegaler) Handel; *ivoire:* Elfenbein; *pourboire:* Trinkgeld.

88 *haïr*

Präsens	**Imperfekt**	**Futur**
je hais	*je haïssais*	*je haïrai*
tu hais	*tu haïssais*	*tu haïras …*
il hait	*il haïssait*	
nous haïssons	*nous haïssions*	**Passé composé**
vous haïssez	*vous haïssiez*	*j'ai haï*
ils haïssent	*ils haïssaient*	*tu as haï …*

> *haïr* hat in allen Formen **-ï-** , mit Ausnahme der 1. bis 3. Person Präsens.

➡ Trema (Kap. 183)

Imperativ

89 Imperativ: 2. Person Singular

Verben auf -er	**Verben auf -ir , -re**
Tu écoutes? Ecoute.	*Tu viens? Viens.*
Tu restes ici? Reste ici.	*Tu attends? Attends.*

> Die Verben auf **-er** haben in der 2. Person Singular des Imperativs die Endung **-e** (⚡ nicht –es !).

⚡ **Achtung Ausnahmen** vor *en* und *y: Parles-en. Vas-y.*

? *patience:* Geduld.

Ajoutez les formes du verbe «haïr»:

1. *Présent:*

  je _____ , *nous* _____ , *ils* _____

2. *Imparfait: il* _____ . *Passé composé: il a* _____

3. *ha___r ses ennemis*

4. *Nous ha___ssons la guerre.*

5. *Ces deux hommes se ha___ssent.*

?   *ennemi:* Feind.

je hais, j'ai haï et je haïrai le chien du voisin.

Ajoutez **-e** / **-s** :

1. *Vien___ ici.*

2. *Ecout___ bien.*

3. *Ne fai___ pas de bêtises.*

4. *Attend___ .*

5. *Rest___ là.*

6. *Ne boug___ pas.*

– Ne te baigne pas aujourd'hui, tu es propre!

?   *bêtise:* Dummheit; *bouger:* sich bewegen; *se baigner:* baden; *propre:* sauber.

Imperativ: unregelmäßige Formen (Tabelle)

aller	*va, allons, allez*
avoir	*aie, ayons, ayez*
être	*sois, soyons, soyez*
savoir	*sache, sachons, sachez*
vouloir	*veuille, veuillons, veuillez*

90 *s'intéresser à*

Aber Deutsch

*Il s'intéresse **au** football.* Er interessiert sich **für** Fußball.

*Elle s'intéresse **à** la littérature.* Sie interessiert sich **für** Literatur.

Beachte: *s'intéresser **à** qc.* (⚡ nicht ~~*pour qc*~~ !)

91 *jouer à / de*

jouer …	*jouer …*	*jouer …*
à un jeu	**d'**un instrument de musique	✘ une comédie
au football	**de** la guitare	✘ une partie
aux Indiens	**de la** flûte	✘ un personnage
au poker	**du** piano	✘ un rôle
au tennis	**du** Mozart	

Lerne diese Redewendungen mit *jouer*.

? *Indiens:* Indianer.

Employez l'impératif:

1. *Tu n'es pas sage.* _____ *sage.*

2. *Tu n'as pas de patience.* _____ *de la patience.*

3. *Tu vas dans ta chambre?* _____ *vite dans ta chambre.*

4. *Vous savez que je ne suis pas content de vous?* _____-le.

? *sage:* artig; *patience:* Geduld.

Test 90

Complétez:

1. *Sandrine s'intéresse* _____ *tout:*

2. _____ *la politique,* _____ *la peinture.*

3. *Elle s'intéresse aussi* _____ *la littérature.*

4. *Je m'intéresse beaucoup* _____ *ce que tu fais.*

? *peinture:* Malerei.

Test 91

Complétez:

1. *jouer* _____ *tennis*

2. *jouer* _____ *football*

3. *jouer* _____ *Beethoven et* _____ *Chopin*

4. *jouer* _____ *rôle dans cette pièce de théâtre*

Je joue du Mozart

92   *jusqu'à / jusqu'à ce que*

Präposition

jusqu'à la fin

jusqu'à son arrivée

Konjunktion

Jusqu'à ce que tout soit fini …

*Jusqu'à ce qu'*il vienne …

Aber Deutsch

bis zum Ende

Bis alles zu Ende war …

> *jusqu'à* ist eine **Präposition**.
>
> *jusqu'à ce que* ist eine **Konjunktion** und leitet immer einen Nebensatz ein.
>
> Nach *jusqu'à ce que* steht immer der Subjonctif.

→ weitere Präpositionen/Konjunktionen (Kap. 21, 33, 62, 111)

93   *la / là*

„die, sie"

la femme

je *la* vois

„da"

elle est *là*

là-dessus

> *la* (ohne Accent grave) ist ein **Artikel** oder **Objektpronomen**.
>
> *là* (mit Accent grave) bedeutet: **„da"**.

94   *laisser / faire*

„zulassen"

Laissez-moi seul.

Il me *laisse* en paix.

„veranlassen"

faire venir le docteur

faire tomber les pommes (en secouant l'arbre)

> Unterscheide
>
> *laisser*   zulassen
> *faire*   veranlassen

? *pomme:* Apfel; *secouer:* schütteln.

Ajoutez «jusqu'à» ou «jusqu'à ce que»:

1. _____ ce soir …

2. _____ nous soyons prêts …

3. _____ la fin du spectacle …

4. _____ le spectacle finisse …

5. _____ elle ait reçu cette lettre …

6. Attendez ici _____ je revienne.

? *spectacle:* Vorstellung.

Ajoutez «la» ou «là»:

1. J'ai passé mes vacances ___ où tu as été l'année dernière.

2. Il faut aller ___-bas.

3. Ce n'est pas loin de ___ .

4. Tu vois ___ maison blanche?

5. Je ___ vois très bien.

6. Madame n'est pas ___ .

Ajoutez «laisser» ou «faire»:

1. Pour les vacances, je _____ venir mes amis.

2. Elle _____ pousser des fleurs dans son jardin.

3. Cela me _____ tout à fait indifférent.

4. C'est un remède qui _____ dormir.

? *pousser:* wachsen; *indifférent:* gleichgültig; *remède:* Medikament.

95   *littérature*

	Aber Deutsch
la littérature	die Literatur
	Aber Englisch
	the literature

> *littérature* wird mit **-tt-** geschrieben.

96   **-ll-** oder **-l-** in Verbformen

Infinitiv

appeler

Präsens	**Futur**	**Konditional**
j'appelle	*j'appellerai*	*j'appellerais*
tu appelles	*tu appelleras*	*tu appellerais*
il appelle	*il appellera*	*il appellerait*
nous appelons	*nous appellerons*	*nous appellerions*
vous appelez	*vous appellerez*	*vous appelleriez*
ils appellent	*ils appelleront*	*ils appelleraient*

Ebenso: *épeler* (buchstabieren), *ficeler* (verschnüren), *morceler* (zerstückeln), *rappeler* (erinnern), *renouveler* (erneuern), *ruisseler* (triefen) …

> Bei diesen Verben steht **-ll-** im Präsens (außer 1./2. Person Plural), im Futur, im Konditional.

➡ weitere Verben auf **-er** mit Besonderheiten (Kap. 4, 42, 69, 73, 84, 110, 184)

Je m'appelle Sonia, j'ai 15 ans et je désire correspondre avec des garçons et des filles de tous pays parlant français, anglais ou allemand, je suis une fan de The Cure et d'Indochine.

Complétez:

1. *aimer la li_____érature*

2. *étudier la li_____érature française*

3. *Voici une «Histoire de la li_____érature».*

4. *C'est un texte li_____éraire.*

Ajoutez les formes du verbe «appeler»:

1. *Présent:*

   j'_____ , nous _____ , ils _____

2. *Futur:*

   j'_____ , nous _____ , ils _____

3. *Conditionnel: il _____*

4. *Il faut appe_____er la police.*

5. *Ce monsieur s'appe_____e Duval.*

6. *M. Dubois appe_____e son chien.*

(= Il faut parler franchement)

97   *marier*

„jdn verheiraten"

Le père **marie** *sa fille* **à** *un avocat.*

„(selbst) heiraten"

Pierre **se marie avec** *ma sœur.*

Aber Englisch

Peter **marries** my sister.

Unterscheide

marier qn (à qn)   jdn (mit jdm) verheiraten
se marier avec (qn)   (selbst) jdn heiraten

---

98   Maßangaben

	Aber Deutsch
10 centimètres	10 Zentimeter
10 mètres	10 Meter
10 kilomètres	10 Kilometer
10 grammes	10 Gramm
10 kilos	10 Kilo✗
10 euros	10 Euro
à 10 heures	um 10 Uhr

Beachte im Französischen bei diesen Maßangaben das Plural **-s** .

Traduisez:

1. kirchlich heiraten:

_____ *à l'église*

2. André heiratet Colette:

_____

3. Jean wird Brigitte heiraten:

_____

4. Herr Legrand hat eine Grundschullehrerin (*institutrice*) geheiratet:

_____

Complétez:

1. *200 gramme_____*

2. *20 kilo_____*

3. *500 euro_____*

4. *1000 mètre_____*

5. *il est deux heure_____*

6. *trois heure_____ plus tard*

99 *mentir à qn*

Aber Deutsch

*Elle ment **à** son père.*	Sie belügt ihre**n** Vater.
*Elle **lui** ment.*	Sie belügt **ihn**.
*Elle ment **à** ses parents.*	Sie belügt ihr**e** Eltern.
*Elle **leur** ment.*	Sie belügt **sie**.

> Beachte: *mentir **à** qn*
> (im Deutschen mit Akkusativobjekt)

100 *le mort / la mort*

der Tote

*l'accident a fait **un** mort*

*enterrer **le** mort*

der Tod

*craindre **la** mort*

***la** mort accidentelle*

> Unterscheide
>
> *le mort*   der Tote
> (*la morte*   die Tote)
> *la mort*   der Tod

? *enterrer:* beerdigen; *accidentel:* durch Unfall.

101 *s'occuper de*

Aber Deutsch

*Il s'occupe **de** son travail.*	Er beschäftigt sich **mit** seiner Arbeit.
*Occupe-toi **de** tes affaires.*	Beschäftige dich **mit** deinen Angelegenheiten.

> Beachte: *s'occuper **de** qc/**de** qn* (⚡ nicht: ~~avec qc/qn!~~)

Complétez:

1. *Sylvie ment _____ sa mère.*

2. *Elle _____ a menti.*

3. *Il ne faut pas mentir _____ ses parents.*

Ajoutez «la» ou «un»:

1. *trouver _____ mort dans un accident*

2. *Il y a _____ mort et deux blessés.*

3. *Une femme a échappé à _____ mort.*

4. *Elle est très triste depuis _____ mort de son mari.*

5. *hériter de l'argent à _____ mort de son oncle*

? *échapper:* entkommen; *hériter:* erben; *la faux:* die Sense.

l'allégorie de la Mort portant sa faux

Complétez:

1. *_____ quoi t'occupes-tu?*

2. *Je m'occupe _____ mon jardin, _____ la musique, etc.*

3. *Mon père est médecin, il s'occupe _____ ses malades.*

4. *Ma mère est à la maison; elle s'occupe _____ ménage.*

102 *ou / où*

„oder"

*toi **ou** moi …*

*Tu viens maintenant **ou** plus tard?*

„wo" / „wohin"

__Où__ es-tu?

*Je ne sais pas **où** il est.*

__Où__ vas-tu?

> Unterscheide
>
> *ou* (ohne Accent grave) oder
>
> *où* (mit Accent grave)   wo/wohin

103 *la partie / le parti*

„der Teil"

*la première **partie** du texte*

*distinguer trois **parties***

*une **partie** du temps*

„die Partei"

*le **parti** socialiste*

*être membre du **parti***

*les grands **partis** politiques*

> Unterscheide
>
> *la partie*   der Teil
> *le parti*   die Partei

⚡ **Achtung:** *prendre **part** à qc; quelque **part***

? *membre:* Mitglied.

Ajoutez «ou» / «où»:

1. *Est-elle là _____ pas?*

2. *_____ est-elle?*

3. *Je me demande _____ elle est allée.*

4. *Dans cette direction _____ dans l'autre?*

5. *Je ne sais pas _____ elle habite.*

Deux mites se rencontrent:
– Où voulez-vous passer vos vacances, ma chère?
– Eh bien! répond l'autre, j'ai découvert un petit
trou tranquille dans la manche.

? *mite:* Motte; *se rencontrer:* sich treffen; *un petit trou:* ein kleines Loch/ein kleiner Ort; *manche:* Ärmel;
Manche: Ärmelkanal.

Complétez:

1. *être membre d'un _____ politique*

2. *le congrès d'un _____*

3. *pendant la première _____ du congrès …*

4. *Une _____ des délégués a voté contre.*

5. *les _____s de gauche*

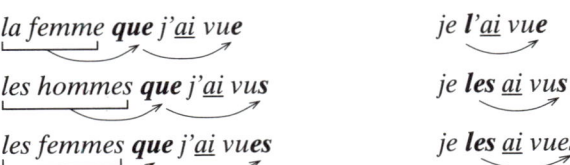

Partizip Perfekt

104 Partizip Perfekt: bei *avoir*

la femme **que** j'*ai* vue   je l'*ai* vue

les hommes **que** j'*ai* vus   je **les** *ai* vus

les femmes **que** j'*ai* vu**es**   je **les** *ai* vu**es**

> Das mit *avoir* verbundene Partizip Perfekt richtet sich in Geschlecht und Zahl nach dem **vorangehenden direkten Objekt.**
>
> (Das vorangehende direkte Objekt ist in den meisten Fällen das Relativpronomen *que* oder ein Personalpronomen: *la, les*.)

→ Partizip Perfekt mit *être* (Kap. 105)

105 Partizip Perfekt: bei *être*

elle *est* invité**e**   elle *était* venu**e**

ils *sont* invité**s**   ils *étaient* venu**s**

elles *sont* invité**es**   elles *étaient* venu**es**

> Das mit *être* verbundene Partizip Perfekt richtet sich in Geschlecht und Zahl nach dem **Subjekt**.

→ Partizip Perfekt mit *avoir* (Kap. 104)

Complétez:

1. *J'ai bien reçu la lettre que vous m'avez envoyé___ .*

2. *Les photos que vous avez ajouté___ sont très belles.*

3. *Tu les as vu___ ?*

4. *Je les ai montré___ à ma mère.*

5. *Quelle drôle d'idée il a eu___ !*

Complétez:

1. *La villa a été loué___ pour deux semaines.*

2. *Mes amis sont venu___ hier soir.*

3. *Sandrine et Isabelle sont allé___ à la plage.*

4. *Sais-tu quand Sandrine est né___ ?*

? *loué:* vermietet; *réunion:* Zusammenkunft.

Club philatélique. — La prochaine réunion des membres du club philatélique est fixée au dimanche 19 mars, à partir de 10 h 30, salle annexe de Saint-Exupéry.

106 Partizip Perfekt: bei reflexiven Verben

Veränderlich

a) *Sandrine s'est lavée. (laver qn)*

   Elle s'est peignée. (peigner qn)

b) *Voici les disques que Sandrine s'est achetés. (acheter qc à qn)*

Unveränderlich

c) *Sandrine et Isabelle se sont écritx. (écrire à qn)*

d) *Sandrine s'est achetéx des disques. (acheter qc à qn)*

> Das Partizip Perfekt der reflexiven Verben
> **richtet sich**
> a) nach dem Reflexivpronomen, wenn es direktes Objekt ist.
> b) nach einem anderen vorangehenden direkten Objekt.
>
> Das Partizip Perfekt der reflexiven Verben
> **ist unveränderlich,**
> c) wenn das Reflexivpronomen indirektes Objekt ist.
> d) wenn ein anderes direktes Objekt hinter dem Verb steht.

? *se peigner:* sich kämmen.

107 Partizip Perfekt: *dû, due*

M. Dubois a dû venir. Mais il est en retard: il a dû avoir une panne.

C'est la somme d'argent qui lui est due.

> Das Partizip Perfekt von *devoir* wird im Maskulinum
> Singular mit Accent circonflexe (*dû*) geschrieben, um
> die Form vom Teilungsartikel unterscheiden zu können.
>
> Die anderen Formen (*due, dus, dues*) haben keinen
> Accent circonflexe.

? *devoir:* sollen, müssen, schulden, verdanken; *retard:* Verspätung.

Complétez:

1. *Raconte comment les choses se sont passé_____ .*   2. *Nous nous sommes promené_____ .*

3. *Sandrine s'est ennuyé_____ .*   4. *Elle s'est trompé_____ .*

5. *Elle s'est peigné_____ les cheveux.*   6. *Voici la moto que Pierre s'est acheté_____ .*

7. *Elle s'est informé_____ par minitel de l'heure du départ.*

Elle s'est  peignée.

Elle s'est brossé les dents.

? *s'ennuyer:* sich langweilen; *se tromper:* sich täuschen; *minitel:* Bildschirmtext.

Complétez:

1. *Je me suis égaré, j'ai _____ prendre l'autre route.*

2. *Sa réussite est _____ à son travail.*

3. *Alain aurait _____ m'indiquer la bonne route.*

108 Partizip Perfekt: auf [i]

dormir:	*dormi*	*conduire:*	*conduit* [i]
finir:	*fini*	*dire:*	*dit*
mentir:	*menti*	*écrire:*	*écrit*
partir:	*parti*	*etc.*	
réussir:	*réussi*		
rire:	*ri*		
sentir:	*senti*	*mettre:*	*mis* [i]
servir:	*servi*	*prendre:*	*pris*
sortir:	*sorti*	*etc.*	
suivre:	*suivi*		

> Beachte die **unterschiedliche Schreibung** der Formen des Partizips Perfekt, die alle [i] gesprochen werden.

109 Partizip Präsens

cherchant	*appelant*
finissant	*faisant*
sortant	*allant*
mangeant	*voyant*

> Das Partizip Präsens wird gebildet aus dem Stamm der 1. Person Plural Präsens und der Endung **-ant**:
>
> *nous cherch | ons:*   *cherch | ant*
> *nous all | ons:*   *all | ant*

Achtung Ausnahmen:

Die drei folgenden Verben haben als einzige ein unregelmäßiges Partizip Präsens:

avoir:	**ayant**
être:	**étant**
savoir:	**sachant**

Complétez:

1. *conduire:*   *elle a*   _____

2. *suivre:*   *il a*   _____

3. *écrire:*   *j'ai*   _____

4. *dire:*   *tu as*   _____

5. *rire:*   *elle a*   _____

6. *prendre:*   *j'ai*   _____

7. *mettre:*   *tu as*   _____

● **Rue de la Mariette.** — Vers 8 h 40 hier, à l'intersection de la rue de la Mariette avec la rue Monplaisir, un motocycliste, M. ██████████████ 31 ans, 42, rue de l'Albatros, a été blessé dans une collision avec une voiture conduite par Mme ██████████, 40 ans, médecin, demeurant 57, rue de la Mariette.

?   *vers:* gegen; *intersection:* Kreuzung; *demeurant:* wohnhaft.

Ajoutez le participe présent:

1. *retourner:* _____

2. *dormir:* _____

3. *pouvoir:* _____

4. *recevoir:* _____

5. *prendre:* _____

6. *avoir:* _____

7. *être:* _____

8. *apprendre:* _____

9. *savoir:* _____

Je suis un chasseur sachant chasser.

?   *chasseur:* Jäger.

110 *payer* und andere Verben auf *-ayer*

Präsens

je paie/je paye

tu paies/tu payes

il paie/il paye

nous payons

vous payez

ils paient/ils payent

Futur

je paierai/je payerai

tu paieras/tu payeras …

Subjonctif

que je paie/que je paye

que tu paies/que tu payes …

Ebenso: *balayer* (fegen), *effrayer* (erschrecken), *essayer* (versuchen) …

> Bei den Verben auf **-ayer** sind beide Formen richtig,
> die mit **-i-** und die mit **-y-** .

Achtung: Dies gilt nicht für die Verben auf **-oyer** und **-uyer** !

→ *employer* und andere Verben auf **-oyer** und **-uyer** (Kap. 69)

→ weitere Verben auf **-er** mit Besonderheiten (Kap. 4, 42, 69, 73, 84, 96, 184)

111 *pendant / pendant que*

Präposition

***pendant** le voyage*

***pendant** mon séjour à Paris*

Konjunktion

***Pendant qu'**il fait le voyage …*

***Pendant que** j'étais à Paris …*

Aber Deutsch

während der Reise

Während er die Reise macht …

> *pendant* ist eine **Präposition**.
>
> *pendant que* ist eine **Konjunktion** und leitet immer
> einen Nebensatz ein.

→ weitere Präpositionen/Konjunktionen (Kap. 21, 33, 62, 92)

? *séjour:* Aufenthalt.

Ajoutez les formes du verbe «payer»:

1. *Présent: je _____ / je _____ ,*

   nous _____ , ils _____ / ils _____

2. *Après le repas avec son ami, M. Dubois dit: c'est moi*

   qui _____ / _____ .

3. *M. Dubois _____ / _____ par chèque.*

4. *Une autre fois, c'est son ami qui _____ / _____ .*

? *repas:* Essen.

Ajoutez «pendant» ou «pendant que»:

1. _____ *les vacances …*

2. _____ *nous étions en vacances …*

3. *Il a été malade _____ trois jours.*

4. _____ *il était malade, le docteur*
   est venu deux fois.

Soirée télé mouvementée

Pendant que leurs victimes regardaient la télévision, deux cambrioleurs armés ont dérobé pour 150.000 F de bijoux et 1.600 F en espèces dans un pavillon ▮▮▮▮ ▮▮▮▮▮ à Tremblay-lès-Gonesse (Seine-Saint-Denis). M. ▮▮▮▮▮▮▮ soixante-deux ans,

? *mouvementé:* bewegt; *cambrioleur:* Einbrecher; *armé:* bewaffnet; *dérober:* stehlen; *en espèces:* in bar.

112 3. Person Präsens / Nomen

3. Person	Präsens	Nomen	3. Person	Präsens	Nomen
(crier)	il *crie*	le *cri*	(désirer)	il *désire*	le *désir*
(essayer)	il *essaye*	un *essai*	(employer)	il *emploie*	un *emploi*
(conseiller)	il *conseille*	le *conseil*	(travailler)	il *travaille*	le *travail*

> Unterscheide bei diesen Wörtern die **3. Person Präsens** mit der Endung *-e* vom **Nomen** ohne *-e*.

? *essai:* Versuch; *emploi:* Gebrauch, Anstellung; *conseil:* Rat.

Personalpronomen

113 Personalpronomen: indirekte Objektpronomen

vor dem Verb

*Il **me** dit quelque chose.*

*Je **lui** pose des questions.*

*Elle **lui** écrit.*

*Il **lui** offre son aide.*

*Il **lui** donne de l'argent.*

hinter dem Verb

a) Verben der Bewegung
   *Il vient **à moi.***

b) Verben des Denkens
   *Je pense **à elle.***

c) reflexive Verben
   *Je m'adresse **à lui.***
   *Je m'intéresse **à lui.***

d) *être à*
   *Ce livre est **à moi.***

> Normalerweise steht das indirekte Objektpronomen **vor dem Verb**.
>
> **Hinter dem Verb** steht *à* + Objektpronomen bei
>
> a) Verben der Bewegung,
>
> b) Verben des Denkens,
>
> c) reflexiven Verben
>
> d) und bei *être à* (= gehören).

Complétez:

1. *Il empl_____ souvent ce mot.*

2. *entendre un cr_____*

3. *Je dés_____ une voiture confortable.*

4. *Le dés_____ d'avoir une nouvelle voiture.*

5. *J'essa_____ des voitures.*

6. *se mettre au trav_____*

? *balance:* Waage; *rapport:* Beziehung; *grimper dessus:* besteigen.

Le petit garçon dit à sa tante:
– La balance, dans la salle de bains, a un rapport avec la religion.
– Pourquoi?
– Chaque fois que maman grimpe là-dessus, elle crie : «Mon Dieu! Mon Dieu!»

Transformez les phrases:

1. *Je m'adresse à M. Dubois.*

_____

2. *Je pose la question à M. Dubois.*

_____

3. *Cette voiture est à M. Dubois.*

_____

4. *Je pense à Pierre et à Sandrine.*

_____

114 Personalpronomen: *moi, toi, lui, eux*

Il me l'a dit.

Lui, qui est là, me l'a dit.

Lui seul me l'a dit.

Lui et sa femme me l'ont dit.

> Wenn das Pronomen als Subjekt vom Verb getrennt ist, steht statt *il: lui* (siehe Beispiele rechte Spalte).
>
> Ebenso: Statt *je* steht *moi*, statt *tu* steht *toi*, statt *ils* steht *eux*.
>
> (Zwischen *je, tu, il, ils* und dem Verb dürfen nur stehen: *ne*, Objektpronomen, Reflexivpronomen.)

115 Personalpronomen: Objektpronomen beim Infinitiv

Je veux **le** *voir.*

Je crois **te** *comprendre.*

> Das Objektpronomen steht in der Regel vor dem Infinitiv.

⚡ **Achtung Ausnahmen:**

Je **l'entends** *chanter. Je* **le vois** *venir.*

> Das Objektpronomen steht vor der konjugierten Form der Verben *faire, laisser, entendre, écouter, voir, regarder, sentir.*

116 Personalpronomen: Objektpronomen *lui*

Il **lui** *écrit.* ⟶ Er schreibt **ihm**.
Er schreibt **ihr**.

Beachte

Il parle **avec lui.** ⟶ Er spricht **mit ihm**.

Il parle **avec elle.** ⟶ Er spricht **mit ihr**.

> Wenn das Objektpronomen *lui* vor dem Verb steht, kann man nicht erkennen, ob es männlich oder weiblich ist.
>
> Steht das Objektpronomen hinter dem Verb, wird zwischen *lui* und *elle* unterschieden.

Ajoutez «lui» ou «il»:

1. _____ aussi, _____ a vu ce film.

2. _____ seul n'était pas content.

3. _____ me l'a dit.

4. _____ et Alain, ils travaillent ensemble.

5. _____ , après avoir attendu 10 minutes, est parti.

Ajoutez «te», «t'»:

1. *Je* _____ *aide* _____ .

2. *Je* _____ *veux* _____ *aider.*

3. *Je* _____ *ai* _____ *aidé.*

4. *Je* _____ *vais* _____ *aider.*

5. *Je* _____ *aiderai* _____ .

HISTOIRE DRÔLE ━━━━

Chez le poissonnier :
— Monsieur, dites-moi, vos poissons sont français ou ils ont été pêchés à l'étranger ?
— Pourquoi cette question, vous voulez les manger ou leur faire la conversation ?

? *poissonnier:* Fischhändler; *pêcher:* Fische fangen.

Complétez:

Je discute avec Mme Dubois:

1. *Je discute avec* _____ . (ihr)

2. *Je* _____ *demande.* (sie)

3. *Je* _____ *réponds.* (ihr)

4. *Je* _____ *pose des questions.* (ihr)

5. *Nous parlons d'* _____ . (ihr = ihre Tochter)

6. *Nous parlons de* _____ . (ihm = ihr Sohn)

J'aime jouer avec lui.

117 Personalpronomen: „sie"

Subjekt

elle vient	**sie** kommt (die Frau)
ils viennent	**sie** kommen (die Männer / Männer und Frauen)
elles viennent	**sie** kommen (die Frauen)

direktes Objekt

*il **la** voit*	er sieht **sie** (die Frau)
*il **les** voit*	er sieht **sie** (die Männer / Frauen)

indirektes Objekt

*il **lui** demande*	er fragt **sie** (die Frau)
*il **leur** demande*	er fragt **sie** (die Männer / Frauen)

präpositionales Objekt

*il pense à **elle***	er denkt an **sie** (die Frau)
*il pense à **eux***	er denkt an **sie** (die Männer / Männer und Frauen)
*il pense à **elles***	er denkt an **sie** (die Frauen)

> Unterscheide, wie das Personalpronomen „sie" ins Französische übersetzt wird:
>
> „sie" (Subjekt): *elle, ils, elles.*
> „sie" (direktes Objekt): *la, les.*
> „sie" (indirektes Objekt): *lui, leur.*
> „sie" (präpositionales Objekt): *elle, eux, elles.*
>
> Hinweis: Die höfliche Anrede „Sie" ist immer *vous*. (——▶ Kap. 119)

118 Personalpronomen: Verb im Relativsatz

	Aber Deutsch
*C'est **moi** qui **suis** là.*	**Ich** bin es, der da **ist**.
*C'est **toi** qui **as** dit cela?*	Bist **du** es, der das gesagt **hat**?
*C'est **nous** qui l'**avons** demandé.*	**Wir** sind es, die es gefragt **haben**.

> Wenn das Beziehungswort des Relativsatzes ein Personalpronomen ist, richtet sich das Verb des Relativsatzes nach diesem Personalpronomen.

Traduisez:

1. Ich kenne **sie**, es ist Sandrine.

_____

2. Ich weiß nicht, ob **sie** mich kennt.

_____

3. Ich habe **sie** (Sandrine) in Paris gesehen.

_____

4. Ich kenne auch ihre Brüder, **sie** wohnen in Paris.

_____

5. Ich habe den Brief an **sie** (Sandrine) adressiert.

_____

6. Wann wird **sie** mir antworten?

_____

Test 118

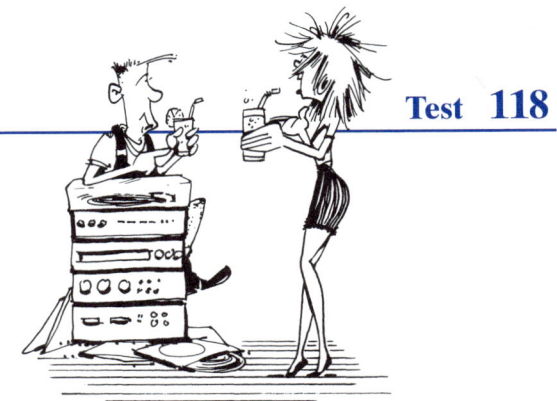

Complétez:

Qui est le patron?

1. *C'est vous qui _____ le patron?*

2. *C'est toi qui t'appell _____ Alain?*

? *patron:* Chef; *aborder:* ansprechen;
ravissant: entzückend.

Pendant une fête, un jeune homme aborde une jeune fille:
– Oh! mais je vous reconnais, c'est vous qui avez une sœur
ravissante…
La jeune fille:
– Non, monsieur, c'est ma sœur qui a une sœur ravissante!

119 Personalpronomen: *vous* (Höflichkeitsform)

*Vous êtes content**x**, monsieur?*   *Vous êtes content**s**, messieurs-dames?*

*Vous êtes content**e**, madame?*   *Vous êtes arrivé**es** en avion, mesdames?*

> Bei *vous* (Höflichkeitsform) richten sich Adjektiv und Partizip Perfekt in Geschlecht und Zahl nach der gemeinten/angesprochenen Person.

120 Personalpronomen: *vous* (Subjekt / Objekt)

vous als Subjekt

*Vous le voy**ez**.*

*Voilà votre ami que **vous** cherch**ez**.*

*Vous aid**ez** vos amis.*

vous als Objekt

*Il **vous** voit.*

*C'est votre ami qui **vous** cherche.*

*Vos amis **vous** aident.*

> Das Personalpronomen *vous* (= ihr, euch) kann Subjekt oder Objekt sein.
>
> Die Verbendung *-ez* (2. Pers. Plur.) taucht nur auf, wenn *vous* Subjekt ist.

121 *personne / personnage* (= „Person")

allgemein

*Cinq **personnes** sont dans une voiture.*

im Theaterstück, Roman

*jouer un **personnage***

*analyser un **personnage** de ce roman*

> Unterscheide
>
> *la personne* (allgemein)
> *le personnage* (in der Dichtung)

Complétez:

1. *Vous vous êtes bien amusé_____ , mademoiselle?*

2. *Vous vous êtes bien amusé_____ , messieurs-dames?*

3. *Vous êtes satisfait_____ , madame?*

Test 120

Complétez:

1. *Voilà Sandrine que vous attend_____ .*

2. *Voilà Claudine qui vous attend_____ .*

3. *J'espère que je vous rencontr_____ demain à cette fête.*

4. *Ces photos vous donn_____ une idée de la beauté du château.*

```
************
   UTILE
SAINT  TROJAN
************

VOUS REMERCIE
 A BIENTOT

0010  3-07-87 8040004

SHAMPOING DOP   10.35
 042 CREMERI     4.05
LAIT FRAIS       3.80
S/TOTAL         18.20
TOTAL           18.20

ESPECES         50.00
RENDU           31.80

02058  3ARTC 16:33TM
```

Test 121

Ajoutez «personne» ou «personnage»:

1. *Plusieurs _____ ont été blessées dans
   cet accident.*

2. *les enfants et les grandes _____*

3. *C'est une comédie à trois _____ .*

4. *Voici la liste des acteurs qui jouent les _____ .*

5. *un lit pour deux _____*

● **Paris :
2 morts, 16 blessés
dans un incendie**

Deux personnes sont mortes
et seize autres ont été blessées,
dans un incendie, hier à l'aube,
dans un immeuble de la rue de
Belleville (20e), à Paris, habité
par des immigrés.

? *incendie:* Brand; *à l'aube:* im Morgengrauen; *immeuble:* Gebäude.

122 *peu / peut*

„wenig"

un peu de temps

avoir un peu d'argent

un peu plus

à peu près

„kann"

on ne peut pas entrer

elle ne peut pas le dire

„vielleicht"

peut-être

> *peu* („wenig") schreibt man ohne **-t** .
>
> *peut* (Verbform von *pouvoir*) sowie *peut-être* schreibt man mit **-t** .

? *à peu près:* ungefähr.

123 *pleuvoir / pleurer*

pleuvoir („regnen")

il **pleut** *(es regnet)*

il a **plu**

pleurer („weinen")

il **pleure** *(er weint)*

il a **pleuré**

> Unterscheide die Formen von *pleuvoir* = „regnen" und *pleurer* = „weinen"!

Plural der Nomen

124 Plural: Nomen auf *-al, -ail*

-al / **-ail** → **-aux**

le cheval – *les chevaux*

le journal – *les journaux*

le travail – *les travaux*

Vergleiche

-eau → **-eaux**

le château – *les châteaux*

le cadeau – *les cadeaux*

le bateau – *les bateaux*

etc.

> Die Nomen auf **-al** und **-ail** haben im Plural die Endung **-aux** . ( nicht ~~-eaux~~ !)

Ajoutez «peu» ou «peut»:

1. *Je suis pressé, j'ai très _____ de temps.*

2. *Mon frère travaille _____ à la maison.*

3. *Mon oncle viendra _____-être demain.*

4. *On ne _____ pas déchiffrer sa lettre.*

5. *Il se _____ que je me sois trompé.*

6. *C'est _____-être faux.*

? *être pressé:* es eilig haben; *déchiffrer:* entziffern; *tromper:* täuschen.

Traduisez:

1. Es regnet. _____

2. Sie weint. _____

3. das Kind, das geweint hat _____

4. Es hat geregnet. _____

Mettez au pluriel:

1. *le travail:* les _____

2. *le signal:* les _____

3. *un château:* les _____ *de la Loire*

4. *un hôpital:* les _____ *de Paris*

5. *un animal:* les _____ *du zoo*

la pêche
et les poissons
CHEZ VOTRE MARCHAND DE JOURNAUX

? *pêche:* Angeln, Fischfang.

125 Plural: Nomen auf -s, -x, -z

		Aber Englisch	
le temps	*les temps*	class	class**es**
le pays	*les pays*		
le prix	*les prix*	box	box**es**
la voix	*les voix*		
le gaz	*les gaz*		
le nez	*les nez*		

> Nomen auf -s , -x , -z bekommen im Plural
> kein (weiteres) -s .

? *voix:* Stimme.

Plural der Nomen: unregelmäßige Formen (Tabelle)

le bœuf [bœf]	*les bœufs* [bø]	
l'œuf [œf]	*les œufs* [ø]	
l'os [ɔs] 	*les os* [o]	
l'œil [œj]	*les yeux* [jø]	
monsieur [məsjø]	*messieurs* [mesjø]	
madame [madam]	*mesdames* [medam]	
mademoiselle [madmwazɛl]	*mesdemoiselles* [medmwazɛl]	

Complétez:

1. *manger du* _____ (Reis) *cuit à l'eau*

2. *la* _____ *rouge* (Kreuz)

3. *suivre trois* _____ (Kurse) *de littérature
   française*

4. *Ce sont mes* _____ (Söhne).

5.

? *cuit:* gekocht; *priorité:* Vorfahrt; *piéton:* Fußgänger; *rouler aux pas:* Schritt fahren.

Test zur Tabelle

Complétez:

1. *Brigitte a les* _____ *bleus.* (Augen)

2. *acheter une douzaine d'*_____ (Eier)

3. *jeter deux* _____ *au chien* (Knochen)

4. *manger du filet de* _____ (Ochse)

Possessivpronomen

126 Possessivpronomen: *leur/leurs*

Possessivpronomen	**Objektpronomen**
*les élèves et **leur** professeur* (Sing.)	*Le professeur parle avec ses élèves:*
*Les enfants jouent avec **leur** chat* (Sing.).	*Le professeur **leur** dit …*
*les parents et **leurs** enfants* (Plur.)	*Il **leur** donne les cahiers.*
*Les jeunes écoutent **leurs** disques* (Plur.).	

> *leur* bekommt nur als **Possessivpronomen** ein **-s**, nicht als **Objektpronomen**.
>
> *leur* bekommt aber auch als Possessivpronomen nur ein **-s**, wenn mehrere Besitzer mehrere „Besitztümer" haben.
>
> (Also muss nach *leurs* immer ein **Nomen im Plural** folgen.)

127 Possessivpronomen: *mon, ton, son*

	Vergleiche
mon ami (Freund)	*mon frère*
ton ami	*ton frère*
son ami	*son frère*
***mon a**mie* (Freundin)	***ma** sœur*
***ton a**mie*	***ta** sœur*
***son a**mie*	***sa** sœur*
***mon h**abitude*	
***ton h**abitude*	
***son h**abitude*	

■ J'ai dix-huit ans et pendant mon enfance je ne jouais jamais à la poupée mais au foot et aux billes avec mes copains. Aujourd'hui, j'ai encore des traces de « garçon manqué » et il arrive qu'on m'appelle « jeune homme ». Il faut dire que j'ai une allure sportive.

> *mon, ton, son* stehen auch vor **weiblichen Nomen**, die mit Vokal oder stummem **h-** beginnen.

? *habitude:* Gewohnheit; *billes:* Murmeln; *trace:* Spur; *garçon manqué:* verkappter Junge.

Test 126

Ajoutez «leur» ou «leurs»:

1. *M. et Mme Dubois ont écrit que _____ fils Eric était malade.*

2. *_____ filles vont très bien.*

3. *Ils cherchent une personne sérieuse pour s'occuper de*

   _____ enfants.

4.

> **Les Français, leurs meubles, leur logement**
> Si les Français habitent en moyenne dix ans dans le même logement, ils gardent en revanche **leurs** meubles plus longtemps. La moyenne: treize ans environ.

? *en moyenne:* im Durchschnitt; *en revanche:* hingegen.

Test 127

Ajoutez «mon» ou «ma»:

1. *C'est _____ idée, _____ proposition.*

2. *C'est _____ affaire.*

3. *Vous avez _____ adresse*

   et _____ numéro de téléphone?

4. *Je lui ai témoigné _____ amitié.*

5. *Il connaît _____ profession.*

? *proposition:* Vorschlag; *témoigner:* bekunden.

128 Possessivpronomen: *son, sa, ses*

son frère **sein** Bruder / **ihr** Bruder

sa sœur **seine** Schwester / **ihre** Schwester

ses amis **seine** Freunde / **ihre** Freunde

> *son, sa, ses* bedeuten „sein(e)" und „ihr(e)".

son chien (sein Hund)   son chien (ihr Hund)

129 *pouvoir / savoir* („können")

„imstande sein/die Möglichkeit haben"

*Tu **peux** prendre place.*

*Ils **peuvent** sortir.*

„gelernt haben"

*Je **sais** nager.*

*Elle **sait** sa leçon.*

Aber Deutsch

Du **kannst** dich setzen.

Ich **kann** schwimmen.

> Unterscheide
>
> *pouvoir* können = imstande sein
> *savoir* können = gelernt haben

Traduisez en allemand:

1. *sa voiture:* _____ / _____

2. *son chapeau:* _____ / _____

3. *ses lunettes:* _____ / _____

Un automobiliste et son passager blessés

A 1 h 40, sur la RN 137, à la suite d'une manœuvre, M. ▬▬ ▬▬ 22 ans, employé, demeurant à Rochefort, a perdu le contrôle de sa voiture. Blessé ainsi que son passager ▬▬ ▬▬ 23 ans, demeurant à Echillais).

? *demeurant:* wohnhaft.

Ajoutez «pouvoir» ou «savoir»:

1. *Elle ne _____ pas nager, la petite, elle est encore trop jeune.*

2. *Aujourd'hui on ne _____ pas nager, parce que la mer est trop agitée.*

3. *Sandrine a été dans une auto-école,*

   maintenant elle _____ conduire.

Le père de famille surprend sa fille dans les bras d'un garçon et s'écrie:
– Jeune homme, je vais vous apprendre à embrasser ma fille!
– Trop tard, papa, il sait déjà.

? *agité:* bewegt; *surprendre:* überraschen; *embrasser:* küssen.

Präsens

130 Präsens: Accent circonflexe in Verbformen

		Vergleiche	
connaître	– il connaît	faire	– il fait
croître	– il croît	haïr	– il hait
disparaître	– il disparaît	savoir	– il sait
naître	– il naît	taire	– il tait
paraître	– il paraît		
plaire	– il plaît		

> Beachte den Gebrauch des Accent circonflexe in der
> 3. Person Singular Präsens!

? *croître:* wachsen; *taire:* verschweigen.

131 Präsens: *apercevoir, recevoir*

		Vergleiche	
aperce**voir**	– il aper**çoit**	voir	– il voit

Ebenso

rece**voir**	– il re**çoit**

> Beachte und lerne die unregelmäßige Verbform
> *il aperçoit* – im Gegensatz zu *il voit*.

132 Präsens: Infinitiv ≠ 3. Person Plural

	Vergleiche Deutsch	Vergleiche Englisch
faire	**machen**	to **do**
Ils **font** leurs devoirs.	Sie **machen** ihre Hausarbeiten.	They **do** their homework.
prendre	**nehmen**	to **take**
Ils **prennent** leurs livres.	Sie **nehmen** ihre Bücher.	They **take** their books.

> Beachte
>
> Im Gegensatz zum Deutschen und Englischen
> entsprechen sich im Französischen der Infinitiv und die
> 3. Person Plural Präsens nicht.

Complétez:

1. *connaître: elle* _____

2. *faire: elle* _____

3. *se taire: elle se* _____

4. *savoir: elle* _____

5. *plaire: elle* _____

6. *haïr: elle* _____

> Le brouillard, c'est dangereux et trompeur. Dès qu'il appa-raît, l'automobiliste perd conscience des distances qui le séparent des autres véhicules. Alors, le danger menace...

? *brouillard:* Nebel; *trompeur:* täuschend; *conscience:* Bewusstsein; *menacer:* drohen.

Complétez:

1. *Elle v_____ son ami dans le métro.*

2. *Elle aper_____ son ami dans le métro.*

3. *Il ne v_____ pas Sylvie.*

4. *Il n'aper_____ pas Sylvie.*

Traduisez:

1. sagen: _____   sie sagen: _____

2. gehen: _____   sie gehen: _____

3. sehen: _____   sie sehen: _____

4. wissen: _____   sie wissen: _____

133 Präsens: 2. Person Singular

tu as   *tu* vas

il a   *il* va

tu cherche**s**   *tu* vien**s**

il cherche   *il* vient

> Die 2. Person Singular Präsens endet auf **-s** .

⚡ **Achtung Ausnahmen: *tu* peu*x*, *tu* veu*x* (⟶ Kap. 138)**

134 Präsens: 3. Person Plural

il voit   *il**s** voi**ent***

il pense   *il**s** pens**ent***

elle parle   *elle**s** parl**ent***

elle écoute   *elle**s** écout**ent***

> In der 3. Person Plural bekommen *il* und *elle* ein **-s** .
>
> Die Verbendung der 3. Person Plural Präsens ist **-ent** .
> (Die Endung **-ent** wird nicht gesprochen!)

135 Präsens: *prendre – ils prennent*

Präsens von *prendre*   **Partizip Präsens**

je prends   *pre**n**ant*

tu prends

il prend

nous prenons

*vous prene**z***

*ils pre**nn**ent*

> Nur die 3. Person Plural (*ils prennent*) wird mit **-nn-**
> geschrieben.

Ebenso: *ils tie**nn**ent; ils vie**nn**ent*

Test 133

Complétez:

1. *tu fini*_____   *il fini*_____

2. *tu aim*_____   *il aim*_____

3. *tu offr*_____   *il offr*_____

4. *tu vien*_____   *il vien*_____

Test 134

Mettez au pluriel:

1. *il cherche:*   *ils* _____

2. *elle aime:*   *elles* _____

3. *il mange:*   _____

4. *elle appelle:*   _____

5. *il achète:*   _____

6. *elle ouvre:*   _____

Test 135

Présent:

1. *je p* _____

2. *nous p* _____

3. *ils p* _____

4. *en p* _____

Deux jeunes filles prennent un café.
– Que penses-tu de Jules?
– Peuh, c'est un imbécile.

L'autre est très surprise.
– Tu crois? Il m'a demandé de l'épouser.
– C'est bien ce que je disais.

? *imbécile:* Dummkopf; *épouser:* heiraten.

136 Präsens: **Verbformen auf** *-t, -d*

-t		**-d**	
il atteint	*(atteindre)*	*il attend*	*(attendre)*
il craint	*(craindre)*	*il s'étend*	*(s'étendre)*
il peint	*(peindre)*	*il prend*	*(prendre)*
il se plaint	*(se plaindre)*	*il rend*	*(rendre)*
il résout	*(résoudre)*	*il vend*	*(vendre)*

> Beachte die Endungen **-t** und **-d** bei den unregel-
> mäßigen Verben auf **-dre** .

? *atteindre:* erreichen; *résoudre:* (Problem) lösen; *s'étendre:* sich ausbreiten.

137 Präsens: **Verbformen auf** *-tes*

*vous di**tes*** *(dire)*

*vous ê**tes*** *(être)*

*vous fai**tes*** *(faire)*

> Beachte: Diese drei Verben haben in der 2. Person
> Plural Präsens die Endung **-tes** . (⚡ nicht: *-ez* !)

⚡ **Achtung Ausnahmen** zu *dire: vous contre**disez**, vous inter**disez**, vous pré**disez***

138 Präsens: **Verbformen auf** *-x*

*je peu**x**, tu peu**x*** *(pouvoir)*

*je veu**x**, tu veu**x*** *(vouloir)*

> Die Verben *pouvoir* und *vouloir* haben in der
> 1. und 2. Person Singular Präsens die Endung **-x** .

➤ 2. Person Singular (Kap. 133)

Complétez:

1. *atteindre:*   il _____

2. *attendre:*   il _____

3. *craindre:*   il _____

4. *peindre:*   il _____

5. *prendre:*   il _____

6. *se plaindre:*   il _____

7. *résoudre:*   il _____

> L'espérance de vie des Fran-
> çais **atteint** aujourd'hui
> soixante-douze ans pour les
> hommes et dépasse pour la
> première fois quatre-vingts
> ans pour les femmes.

? *espérance de vie:* Lebenserwartung; *dépasser:* überschreiten.

Complétez:

1. *Que d_____-vous?*

2. *Où ê_____-vous?*

3. *Que f_____-vous?*

4. *D_____-moi franchement votre avis.*

5. *E_____-vous d'accord?*

? *douleur:* Schmerz.

– Les femmes sont beaucoup plus résistantes à la
douleur que les hommes.
– Vous **êtes** docteur?
– Non, je suis marchand de chaussures.

Complétez:

1. *Je fais tout ce que je p_____ .*

2. *Maintenant je n'en p_____ plus.*

3. *Tu p_____ m'aider?*

4. *Je v_____ le savoir.*

5. *V_____-tu te taire.*

Präsens: unregelmäßige Präsensformen (Tabelle)

aller	*je vais, tu vas, il va,* *nous allons, vous allez, ils vont*
boire	*je bois, tu bois, il boit,* *nous buvons, vous buvez, ils boivent*
courir	*je cours, tu cours, il court,* *nous courons, vous courez, ils courent*
devoir	*je dois, tu dois, il doit,* *nous devons, vous devez, ils doivent*
dire	*je dis, tu dis, il dit,* *nous disons, vous di**tes**, ils disent*
dormir	*je dors, tu dors, il dort,* *nous dormons, vous dormez, ils dorment*
écrire	*j'écris, tu écris, il écrit,* *nous écrivons, vous écrivez, ils écrivent*
faire	*je fais, tu fais, il fait,* *nous faisons, vous fai**tes**, ils font*
falloir	*il faut*
fuir	*je fuis, tu fuis, il fuit,* *nous fuyons, vous fuyez, ils fuient*
lire	*je lis, tu lis, il lit,* *nous lisons, vous lisez, ils lisent* **Ebenso:** *conduire, construire, suffire …*
mettre	*je mets, tu mets, il met,* *nous mettons, vous mettez, ils mettent* **Ebenso:** *battre, permettre, promettre …*
mourir	*je meurs, tu meurs, il meurt,* *nous mourons, vous mourez, ils meurent*
ouvrir	*j'ouvre, tu ouvres, il ouvre,* *nous ouvrons, vous ouvrez, ils ouvrent* **Ebenso:** *offrir …*
paraître	*je parais, tu parais, il paraît,* *nous paraissons, vous paraissez, ils paraissent* **Ebenso:** *connaître, naître …*
partir	*je pars, tu pars, il part,* *nous partons, vous partez, ils partent* **Ebenso:** *mentir, sentir, servir, sortir …*

plaindre	*je plains, tu plains, il plaint,* *nous plaignons, vous plaignez, ils plaignent* **Ebenso:** *atteindre, craindre, éteindre, joindre*
plaire	*je plais, tu plais, il plaît,* *nous plaisons, vous plaisez, ils plaisent*
pouvoir	*je peux, tu peux, il peut,* *nous pouvons, vous pouvez, ils peuvent* **Ebenso:** *pleuvoir (il pleut), vouloir …*
prendre	*je prends, tu prends, il prend,* *nous prenons, vous prenez, ils prennent*
recevoir	*je reçois, tu reçois, il reçoit,* *nous recevons, vous recevez, ils reçoivent* **Ebenso:** *apercevoir …*
rire	*je ris, tu ris, il rit,* *nous rions, vous riez, ils rient* **Ebenso:** *sourire …*
savoir	*je sais, tu sais, il sait,* *nous savons, vous savez, ils savent*
suivre	*je suis, tu suis, il suit,* *nous suivons, vous suivez, ils suivent*
taire	*je tais, tu tais, il tait,* *nous taisons, vous taisez, ils taisent*
vendre	*je vends, tu vends, il vend,* *nous vendons, vous vendez, ils vendent*
venir	*je viens, tu viens, il vient,* *nous venons, vous venez, ils viennent* **Ebenso:** *tenir …*
vivre	*je vis, tu vis, il vit,* *nous vivons, vous vivez, ils vivent*
voir	*je vois, tu vois, il voit,* *nous voyons, vous voyez, ils voient* **Ebenso:** *croire …*

139 *près / prêt*

„nahe"

près *de la gare*

*être **près** d'ici*

„bereit"

*être **prêt** à partir*

*Le café est **prêt**.*

> Unterscheide
>
> | | |
> |---|---|
> | *près* | nahe |
> | *prêt* | bereit |

140 *quand / quant*

„als, wann"

J'étais là quand il est venu.

Quand viens-tu?

„was anbetrifft"

quant à moi

quant à ce projet

> Unterscheide
>
> | | |
> |---|---|
> | *quand* | als, wann |
> | *quant* | was … anbetrifft |

141 *quand / si* (**„wenn"**)

Zeit

Quand *tu auras fini ton travail …*

Quand *il fait beau temps …*

Bedingung

Si *je comprends bien …*

Si *vous voulez …*

S'il *fait beau temps …*

Aber Deutsch

Wenn du deine Arbeit beendet hast, …   **Wenn** ich richtig verstehe, …

> Unterscheide
>
> | | |
> |---|---|
> | *quand* | wenn (Zeit) |
> | *si* | wenn (Bedingung) |

Ajoutez «près» ou «prêt»:

1. *Soyez _____ à cinq heures.*

2. *se tenir _____*

3. *M. Dubois habite tout _____ de son bureau.*

4. *Le déjeuner est _____ ; venez à table.*

? *soyez:* seien Sie.

Ajoutez «quand» ou «quant»:

Après une longue discussion:

1. _____ *à sa proposition, il faut l'examiner.*

2. _____ *à moi, je suis d'accord.*

3. *Je le lui dirai _____ il me téléphonera.*

? *proposition:* Vorschlag.

Quand le chat
n'est pas là,
les souris dansent.

Ajoutez «quand» ou «si»:

1. _____ *tu auras lu ce roman,*
tu me le rendras.

2. _____ *ce roman te plaît, je t'en*
prêterai d'autres du même auteur.

3. _____ *nous étions partis*
plus tôt, nous n'aurions pas manqué
le bus.

– Je me demande de quoi vivent tous ces moustiques
quand on n'est pas en vacances?

? *rendre:* zurückgeben; *prêter:* borgen; *tôt:* früh; *manquer:* verpassen.

142 *que*

Relativpronomen

*le livre **qu**'elle a lu*

„dass"

*Je pense **que** le temps sera beau.*

Aber Englisch

the book ✘ she has read

I think ✘ the weather will be fine.

Aber Deutsch

Ich glaube, ✘ das Wetter wird schön.

> Im Französischen darf das *que* nicht weggelassen werden.

143 *quelque* in Wortverbindungen

zwei Wörter	**mit Bindestrich**	**ein Wort**
quelque temps		*quelquefois*
quelque part		
quelque chose		
quelqu'un	*quelques–uns*	
quelqu'une	*quelques–unes*	

> Mit Bindestrich schreibt man: *quelques-uns, quelques-unes.*
> In einem Wort schreibt man: *quelquefois.*

144 *quelque(s)*

Aber Englisch

*quelque**s** petits villages*   some✘ small villages

> *quelque* hat im Plural ein **-s** .

Test 142

Complétez:

1. *Le garçon, _____ tu vois dans la rue, est mon fils.*

2. *Je crois _____ il est doué.*

3. *Je suis sûr _____ il réussira.*

4. *J'espère _____ il aura une bonne place.*

– Ne serre pas trop, je lis que tu viens de mettre la main sur une des dernières foliocutorbitacées!

? *doué:* begabt; *serrer:* festhalten, ziehen.

Test 143

Ajoutez «quelque»:

1. *Je serai à Paris pour _____ temps.*

2. *J'y verrai _____ fois Madame Duval.*

3. *J'irai à cette fête avec _____ uns de mes amis.*

4. *Tu attends encore _____un?*

5. *Elle m'a raconté _____ chose de très intéressant.*

Test 144

Complétez:

1. *dire quelque___ mots*

2. *attendre quelque___ jours*

3. *quelque___ touristes*

4. *quelque___ chose*

5. *quelque___ temps*

6. *inviter quelque___ amis*

ALLEMAGNE

Quelques nuages sans consé-quence n'empêcheront pas le soleil de briller. Il fera relativement frais avec 13º à 15º le matin, 19º à 22º l'après-midi.

? *nuage:* Wolke; *empêcher:* verhindern; *frais:* frisch.

145 *quelque chose etc.* + **Adjektiv**

	Aber Deutsch
*quelque chose **d'**intéressant*	etwas Interessantes
*Quoi **de** neuf?*	Was (gibt's) Neues?
*rien **de** nouveau*	nichts Neues
*personne **d'**autre*	niemand ander(e)s

> An *quelque chose, rien, quelqu'un, personne, quoi* wird das Adjektiv mit **de** angefügt.

146 *question*

	Vergleiche Deutsch	**Aber Englisch**
*Il **pose** une question.*	Er **stellt** eine Frage.	He **asks** a question.

> „eine Frage stellen" heißt auf Französisch:
> *poser une question.*

147 *se rappeler qc/qn / se souvenir de qc/de qn*

Je me rappelle ✘ son nom.	*Je me souviens **de** ce monsieur.*
Je me rappelle ✘ la soirée agréable.	*Je me souviens **de** sa femme.*

> Unterscheide
>
> *se rappeler **qc/qn***
> *se souvenir **de** qc/**de** qn.*
>
> Beides heißt: „sich an etwas/an jemanden erinnern".
>
> Merke: *rappeler **qc à qn***: „jemanden an etwas erinnern"

Traduisez:

1. nichts Schöneres

   _____ *plus beau*

2. Niemand verletzt?

   _____ *blessé?*

3. Das ist etwas Außergewöhnliches.

   C'est _____ *extraordinaire.*

> **Détendue pour une bonne nuit**
>
> **Q**uoi de plus agréable que de prendre un bon bain chaud le soir, après une longue journée fatigante ! Il vous détendra complètement et favorisera votre sommeil.
> ● **La technique du bain relaxant.** Seule l'eau chaude

? *détendu:* entspannt; *fatigant:* ermüdend; *favoriser:* begünstigen; *sommeil:* Schlaf.

Complétez:

1. *Quelqu'un a _____ une question?*

2. *Il faut _____ cette question à Sandrine.*

3. *Son ami se _____ la question de savoir ce qu'il fera sans travail.*

Complétez:

1. *Alain: Je me rappelle très bien _____ notre premier rendez-vous.*

2. *La petite Yvonne? Je me souviens _____ elle.*

3. *Je ne me rappelle plus _____ ton numéro de téléphone.*

4. *Vous souvenez-vous _____ vos promesses, monsieur?*

? *promesse:* Versprechen.

148 *recevoir* **und andere Verben**

Präsens

je reçois

tu reçois

il reçoit

nous recevons

vous recevez

ils reçoivent

Subjonctif

qu'il reçoive

Passé simple

il reçut

Perfekt

il a reçu

Ebenso: *apercevoir* (bemerken), *décevoir* (enttäuschen) …

> Bei diesen Verben wird das „**c**" immer wie [s] ausgesprochen.
> Daher schreibt man vor **o** und **u** immer **-ç-** .

→ **-ç-** oder **-c-** (Kap. 41, 42)

149 **Reflexivpronomen** *lui / soi*

*chacun pour **soi**.*

*Il faut avoir confiance en **soi**.*

*On ne pense qu'à **soi**.*

*Pierre regarde autour de **lui**.*

*Frédéric a confiance en **lui**.*

*Il ne pense qu'à **lui**.*

> *soi* bezieht sich auf ein unpersönliches Subjekt.
>
> *lui* bezieht sich auf ein bestimmtes Subjekt.

Relativpronomen

150 **Relativpronomen:** *ce qui / ce qu'il*

*Elle me demande **ce qui** se passe ici.*   *Je ne sais pas **ce qui** se passe.*

*Elle me demande **ce qu'il** faut faire.*   *Je ne sais pas **ce qu'il** veut, le patron.*

> *ce qui* bedeutet „was" und ist Subjekt.
>
> *ce qu'il* bedeutet „was er/es" (nur *il* ist Subjekt).

→ „Was (?)" (Kap. 80), *qui/qu'il* (Kap. 153)

Ajoutez les formes du verbe «recevoir»:

1. *Présent:*

je _____ ,

nous _____ ,

ils _____

2. *Passé composé:*

il a _____

3. *J'ai _____ la lettre.*

4. *Alain _____ des cadeaux pour sa fête.*

5. *Nous avons _____ de bonnes nouvelles.*

6. *Isabelle _____ beaucoup de compliments.*

? *cadeau:* Geschenk.

Ajoutez «lui» ou «soi»:

1. *On doit aimer son prochain comme _____ -même.*

2. *Il faut toujours rester maître de _____ .*

3. *Alain est maître de _____ .*

4. *M. Dubois nous a reçu chez _____ .*

5. *Chacun pour _____ , et Dieu pour tous.*

? *le prochain:* der Nächste.

Complétez:

1. *Sandrine pense à Alain: Je me demande _____ fait à cette heure.*

2. *J'ignore _____ a écrit dans sa lettre adressée à ses parents.*

3. *Je ne comprends pas _____ l'empêche de téléphoner.*

4. *Cœur qui soupire n'a pas _____ désire.*

? *empêcher:* verhindern; *soupirer:* seufzen.

151 Relativpronomen: *lequel* (statt *qui*)

*La poupée **avec laquelle** Sandrine joue …*

*C'est un projet **sur lequel** nous fondons des espoirs.*

---

lequel, laquelle, lesquels, lesquelles werden gebraucht, wenn eine Präposition vorausgeht (außer wenn es sich um *de* und *à* handelt).

1. Hinweis: Wenn das Beziehungswort eine Person ist, wird statt *lequel* meistens *qui* gebraucht:
*Sandrine invite quelques amies **avec lesquelles/avec qui** elle s'entend bien.*

2. Hinweis: Statt *dans lequel* gebraucht man *où*:
*Paris est la ville **où** je suis né.*

Le président du Sénégal, Abdou Drouf, a été reçu hier, à l'Elysée, par le président François Mitterrand avec lequel il a évoqué la préparation du sommet francophone de Dakar.

? *fonder des espoirs:* Hoffnungen setzen.

152 Relativpronomen: *qui / que*

Les touristes

    ***qui** sont arrivés … (qui:* Subjekt)

    ***que** je vois dans la rue … (que:* Objekt)

La lettre

    ***qui** est arrivée … (qui:* Subjekt)

    ***que** je lis … (que:* Objekt)

Voilà le chat qui boit son lait.

---

qui ist Subjekt im Relativsatz.

que ist direktes Objekt im Relativsatz.

Complétez:

1. *C'est une Mercédès pour*

_____ *M. Dubois a payé*
beaucoup d'argent.

2. *Qui est la personne à*

_____ *vous venez de parler?*

3. *Y a-t-il des idéaux pour*

_____ *vous seriez prêt à*
risquer votre vie?

> Une personne a été tuée et soixante-dix autres
> blessées, dont vingt grièvement atteintes, hier
> après-midi dans un carambolage impliquant vingt-
> trois véhicules dont deux poids lourds, à Tournus
> (Saône-et-Loire), sur l'autoroute A 6, sur laquelle
> la circulation a été interrompue dans les deux
> sens.

? *grièvement atteint:* schwer verletzt; *poids lourd:* Lkw; *interrompre:* unterbrechen.

Ajoutez «qui» ou «que»:

1. *La voiture*   a) _____ *j'ai achetée …*

   b) _____ *est très confortable …*

   c) _____ *m'a coûté cher …*

   d) _____ *je montre à mes amis …*

2. *C'est M. Dubois* a) _____ *je connais depuis longtemps …*

   b) _____ *est directeur chez Renault …*

   c) _____ *a deux enfants …*

   d) _____ *j'attends …*

> ● Poupées au château de Ro-
> han, à Josselin (Morbihan) : une
> exposition qui rassemble cinq
> cents pièces, des très belles du
> XVIIe siècle à celles personnali-
> sées du XVIIIe siècle en bois et
> en cire. D'autres à tête de porce-
> laine. Et des poupées modernes,
> parmi lesquelles la célèbre Bar-
> bie. Une collection commencée
> il y a trois générations par la
> duchesse Herminie de Rohan.

? *exposition:* Ausstellung; *rassembler:* vereinigen;
cire: Wachs; *duchesse:* Herzogin.

153 Relativpronomen: *qui/qu'il*

*un homme **qui** est riche*   *un homme **qu'il** connaît*

*les choses **qui** sont intéressantes*   *les choses **qu'il** trouve intéressantes*

> Unterscheide
>
> *qui* (Relativpronomen) ist Subjekt im Relativsatz.
>
> *qu'il* setzt sich zusammen aus *que (*Relativpronomen als Objekt) und *il*.

➡ *ce qui/ce qu'il* (Kap. 150)

154 Relativpronomen: *qui*

Personen   **Aber Englisch**

les touristes   the tourists
   ***qui** sont arrivés …*   **who** arrived …

Sachen

la lettre   the letter
   ***qui** est arrivée …*   **which** arrived …

> Im Gegensatz zum Englischen wird beim französischen Relativpronomen *qui* nicht zwischen Personen und Sachen unterschieden. Es heißt immer *qui*.

155 *responsable de*

                           Aber Deutsch

*Il est responsable **de** l'échec.*   Er ist **für** den Misserfolg verantwortlich.

                           Aber Englisch

                           He is responsible **for** the failure.

> Beachte: *être responsable **de** qc* (⚡ nicht: ~~pour qc~~!)

? *échec:* Misserfolg.

Complétez:

Eric discute avec son père.
Voici un argument

1. _____ *est bon.*

2. _____ *doit accepter, son père.*

3. _____ *trouve convaincant.*

4. _____ *prouve qu'Eric a raison.*

EMPLOYEE DE BUREAU
Un métier qui permet de gagner rapidement sa vie (nombreux débouchés dans les entreprises industrielles et commerciales).

? *convaincant:* überzeugend; *prouver:* beweisen;
avoir raison: recht haben; *débouché:* Berufsmöglichkeit.

Complétez:

1. *les visiteurs* _____ *sont dans ce musée …*

2. *les objets d'art* _____ *sont dans ce musée …*

3. *les gardiens* _____ *sont dans ce musée …*

4. *les tableaux* _____ *sont dans ce musée …*

Napoléon: une figure qui depuis
toujours a fasciné les historiens.

? *objet d'art:* Kunstgegenstand; *gardien:* Wächter.

Complétez:

1. *Les parents sont responsables* _____ *leurs enfants.*

2. *Le directeur est responsable* _____ *gestion de l'entreprise.*

3. *Vous êtes responsable* _____ *dégâts.*

? *responsable:* verantwortlich; *la gestion:* die Geschäftsführung; *dégâts:* Schäden.

156 *seul / seulement* („nur")

seul	**seulement**
<u>Lui</u> **seul** est venu.	Il <u>travaille</u> **seulement.**
Seuls <u>les faits</u> comptent.	Il travaille **seulement** <u>le soir</u>.
<u>Dieu</u> **seul** peut faire quelque chose.	Il boit **seulement** du <u>vin blanc</u>.

Aber Deutsch

Nur <u>er</u> ist gekommen.	Er <u>arbeitet</u> **nur.**

> Wenn das Subjekt eingeschränkt wird, steht *seul*, sonst *seulement*.
>
> *seul* kann vor oder hinter dem Nomen stehen, aber nur hinter dem Pronomen.

? *compter:* zählen.

157 *si* („wenn", „ob", „so", „doch")

	Französisch	**Deutsch**	**Englisch**
si j'étais à ta place … *si* vous êtes d'accord …	*si*	**= wenn**	**= if**
Il demande *si* tu es capable de traduire ce texte. J'ignore *si* elle vient aujourd'hui ou demain.	*si*	**= ob**	**= if**
Le vent souffle *si* fort … Elle est *si* heureuse …	*si*	**= so**	**= so**
Personne n'est venu? **Si**, Alain. Tu n'as plus de vin? **Si**.	*si*	**= doch**	**= of course**

> Unterscheide die verschiedenen Bedeutungen von *si*: „wenn", „ob", „so", „doch".

? *souffler:* wehen.

Ajoutez «seul» ou «seulement»:

1. *Toi* _____ *es mon ami.*

2. *Vous* _____ *êtes capables de nous aider.*

3. *J'ai été à Paris, mais* _____ *trois jours.*

4. *Un* _____ *motif me pousse à agir.*

5. *Mes parents arrivent* _____ *dans deux jours.*

Traduisez «si» en allemand:

1. *Cela ne t'intéresse pas?* **Si!**

_____

2. *C'est* **si** *triste.*

_____

3. *Excusez-moi* **si** *je vous dérange.*

_____

4. **Si** *j'étais en vacances, j'irais à la plage.*

_____

5. *On se demande* **si** *c'est vraiment nécessaire.*

_____

AUTOMOBILISTES : la cein-
ture de sécurité n'empêche
pas l'accident, mais atténue
les conséquences.
Il y a eu dernièrement un
tribunal qui a réduit, diminué
l'indemnité qui revenait à une
victime pour le motif sui-
vant : si cette victime avait
mis sa ceinture, elle aurait
été moins grièvement
atteinte.

? *déranger:* stören.

158 *si*-Satz (Irrealis)

Aber Deutsch

S'il **avait** plus d'argent,
il achèterait une villa.

Wenn er mehr Geld **hätte**, …

S'il **avait** cette villa,
il serait content.

Wenn er diese Villa **hätte**, …

> Im irrealen *si*-Satz, der sich auf die Gegenwart bezieht,
> steht das **Imperfekt**, im Hauptsatz das Konditional.

159 *si/tant* („so")

beim Adjektiv/Adverb

C'est **si** bon.

Elle chante **si** bien.

Il joue **si** mal.

beim Verb

Il travaille **tant**.

Elle souffre **tant**.

Il a **tant** crié.

> Unterscheide
>
> *si* „so" beim Adjektiv/Adverb
> *tant* „so" beim Verb

160 Stammerweiterung der Verben auf *-ir*

Präsens

nous fin**iss**ons
vous fin**iss**ez
ils fin**iss**ent

Subjonctif

que je fin**iss**e
que tu fin**iss**es …

Imperfekt

je fin**iss**ais
tu fin**iss**ais
il fin**iss**ait
nous fin**iss**ions
vous fin**iss**iez
ils fin**iss**aient

Imperativ

fin**iss**ons
fin**iss**ez

Partizip Präsens

fin**iss**ant

> Folgende Formen der Verben auf **-ir** haben die
> Stammerweiterung **-iss-** :
>
> Präsens (nur Plural), Subjonctif, Imperfekt,
> Imperativ (nur Plural), Partizip Präsens.

Complétez:

1. Si j'_____ (être) vous,

   j'_____ (agir) autrement.

2. Si Dieu n'_____ pas (exister),

   il _____ (falloir) l'inventer.

? *inventer:* erfinden.

> *Si j'étais un tigre, je mangerais les chiens.*

Ajoutez «si» ou «tant»:

1. Ne mange pas _____ .

2. Le temps est mauvais,

   il a _____ plu.

3.

> *Mon petit chat est____ joli . . .*
>
> *Alain est____ intelligent...*

Complétez:

1. Présent:

   je chois_____ , nous chois_____ ,

   ils chois_____

2. Imparfait:

   je chois_____ , tu chois_____ , ils chois_____

3. Fin_____ons cette tasse de café avant de partir.

4. Chois_____ez l'un ou l'autre.

5. Ce n'est ni le moment ni l'endroit de discuter: ag_____ez!

Subjonctif

161 Subjonctif: *je ne crois / pense pas que*

Je crois que c'est possible.
Je pense qu'une solution est
facile à trouver.

Je ne crois pas que ce soit possible.
Je pense pas qu'une solution soit
facile à trouver.

> Nach **verneinten** Verben des Denkens und Meinens
> steht im *que*-Satz der Subjonctif.

162 Subjonctif: nach Konjunktionen

Je vais téléphoner à Sylvie

avant que je parte.
pour qu'elle sache l'heure de mon arrivée.

> Es gibt eine Reihe von Konjunktionen, nach denen
> automatisch der Subjonctif stehen muss. Einige der
> wichtigsten findest du in der folgenden Liste.

bien que	obwohl
quoique	obwohl
à condition que	unter der Bedingung, dass
pourvu que	vorausgesetzt, dass
sans que	ohne dass
jusqu'à ce que	bis
avant que	bevor
pour que	damit
afin que	damit

Hinweis: Diese Konjunktionen wirken zwar ein wenig schwerfällig, aber wenn man sie
gebraucht, muss man an den Subjonctif denken.

Test 161

Complétez les phrases:

1. – *C'est trop dangereux?*
   – *Oui, peut-être. Mon père croit que* __c'est__ *trop dangereux.*

   Mais moi, je ne crois pas que __ce soit pas__ *trop dangereux.*

2. – *C'est trop difficile?*
   – *Oui, ma sœur pense que* __c'est__ *trop difficile.*

   Mais moi, je ne pense pas que __ce soit__ *trop difficile.*

Test 162

Complétez les phrases:

1. *Il faut attendre jusqu'à ce que mon ami* __revienne__ *. (revenir)*

2. *J'ai attendu longtemps sans que mon ami* __soit__ *revenu. (être)*

3. *Il aurait dû téléphoner pour que nous* __sachions__ *quand il reviendra. (savoir)*

4. *Nous ferons une excursion pourvu qu'il* __fasons__ *beau demain. (faire)*

5. *Maintenant je vais me promener*

   quoiqu'il __pleuve__ *un peu. (pleuvoir)*

   avant qu'il (ne) __ne pleuve__ *. (pleuvoir)*

   à condition qu'il ne __pleuve__ *pas trop. (pleuvoir)*

   parce qu'il ne __pleut__ *pas. (pleuvoir)*

163 Subjonctif: **Relativsatz**

C'est le roman le plus captivant que j'aie jamais lu.

C'est le meilleur ami que je connaisse.

> Nach Superlativen steht im Relativsatz der Subjonctif.

164 Subjonctif: ⚡ *espérer que*

Vergleiche

J'espère que tu vas bien.

J'espère que tu viendras ce soir.

Je veux que tu viennes ce soir.

J'attends que tu sois là.

> Nach *espérer que* steht kein Subjonctif!

165 Subjonctif: ⚡ indirekte Rede

Aber Deutsch

Elle dit

qu'elle est venue trop tard.

Elle dit

qu'elle a entendu le bruit.

Sie sagt,

dass sie zu spät gekommen **sei**.

Sie sagt,

dass sie das Geräusch gehört **habe**.

> Im Französischen steht in der indirekten Rede kein Subjonctif.

Complétez les phrases:

1. *C'est le meilleur film que j'* __*ai*__ *vu depuis longtemps.*

2. *Sandrine est la plus belle fille que je* __*connaisse*__ *(connaître).*

3. *C'est la plus grande déception que j'* __*aie*__ *eue.*

? *déception:* Enttäuschung.

Complétez:

(passera)

1. *J'espère que tout* __*se passera*__ *(se passer) bien.*

2. *Il espère que nous* __*sommes*__ *(être) là à l'heure.*

3. *J'espère que vous* __*êtes*__ *(être) content, monsieur*

4. *Je ne suis pas sûr que vous* __*soyez*__ *(être) content.*

? *à l'heure:* pünktlich.

Complétez:

Sandrine parle à sa mère.

1. *Elle dit que son ami* __*ait*__ *(avoir) téléphoné.*

2. *Elle ajoute que son ami* __*viendra*__ *(venir) ce soir.*

Subjonctif: unregelmäßige Formen (Tabelle)

aller	*que j'aille, que tu ailles, qu'il aille*
	que nous allions, que vous alliez, qu'ils aillent
avoir	*que j'aie, que tu aies, qu'il **ait***
	que nous ayons, que vous ayez, qu'ils aient
être	*que je **sois**, que tu **sois**, qu'il **soit***
	que nous soyons, que vous soyez, qu'ils soient
faire	*que je fasse, que tu fasses, qu'il fasse*
	que nous fassions, que vous fassiez, qu'ils fassent
falloir	*qu'il faille*
pleuvoir	*qu'il pleuve*
pouvoir	*que je puisse, que tu puisses, qu'il puisse*
	que nous puissions, que vous puissiez, qu'ils puissent
savoir	*que je sache, que tu saches, qu'il sache*
	que nous sachions, que vous sachiez, qu'ils sachent
valoir	*qu'il vaille*
vouloir	*que je veuille, que tu veuilles, qu'il veuille*
	que nous voulions, que vous vouliez, qu'ils veuillent

? *valoir:* wert sein.

166 *succès*

	Aber Englisch
*avoir du succ**ès***	to have succ**ess**
*sans succ**ès***	without succ**ess**

succès schreibt man hinten **-ès**.

Complétez:

1. *aller:*   *qu'il* _____ aille _____, *que vous* _____ ailliez _____

2. *être:*   *qu'il* _____ soit _____, *que vous* _____ soyez _____

3. *savoir:*   *qu'il* _____ sache _____, *que vous* _____ sachiez _____

4. *faire:*   *qu'il* _____ fasse _____, *que vous* _____ fassiez _____

5. *vouloir:*   *qu'il* _____ veuille _____, *que vous* _____ ~~veuilliez~~ vouliez _____

6. *pouvoir:*   *qu'il* _____ puisse _____, *que vous* _____ puissiez _____

7.

Le chat veut que je lui _____ (apporter) son lait.

Traduisez:

1. Erfolg haben: _____

2. ohne Erfolg: _____

3. mit Erfolg: _____

4. Erfolge davontragen: _____

?   davontragen: *remporter.*

167 *suivre qn*

	Aber Deutsch
*Les touristes **suivent** le guide.*	Die Touristen folgen **dem** Führer.
*Je **suis** les autres.*	Ich folge **den** anderen.

> Beachte: jemandem folgen: *suivre **qn*** (⚡ nicht: ~~à qn~~!)

➡ *aider qn* (Kap. 13)

⚡ **Achtung:** *suis* ist gleichzeitig eine Verbform von *suivre* und von *être*.

suivre	*être*
*Je **suis** les autres.* (Ich **folge** den anderen.)	*Je **suis** malade.* (Ich **bin** krank.)

168 *sur / sûr*

„sicher"	**„auf …"**
*J'en suis **sûr**.*	**sur** *la table*
*Elle est **sûre** de réussir.*	**sur** *la route*

> Unterscheide
>
> *sûr* mit Accent circonflexe „sicher"
> *sur* ohne Accent circonflexe „auf"

169 Tageszeiten, Wochentage

le *matin*	= *chaque matin, tous les matins*
le *soir*	= *chaque soir, tous les soirs*
le *dimanche*	= *chaque dimanche, tous les dimanches*
ce *matin*	= *aujourd'hui, pendant la matinée*
ce *soir*	= *aujourd'hui, pendant la soirée*
ce *dimanche*	(= *aujourd'hui*)
dimanche	= *dimanche dernier/prochain*

> Unterscheide
>
> *le matin* jeden Morgen
> *ce matin* heute Morgen …

Test **167**

Complétez:

1. *Il marchait le premier, ses camarades*

   _____ *suivaient. (ihm)*

2. *Le chasseur suit* _____ *cerf à la trace.*

3. *Le policier suit* _____ *voleur.*

Je suis mon bon instinct.

? *cerf:* Hirsch; *trace:* Spur; *voleur:* Dieb.

Test **168**

Ajoutez «sur» ou «sûr»:

1. *J'en suis absolument* _____ .

2. *Je l'affirme* _____ *mon honneur.*

3. *remettre les objets de valeur en mains* _____ *es*

4. *Etes-vous* _____ *d'arriver à temps?*

Test **169**

Traduisez:

1. jeden Morgen: _____

2. heute Morgen: _____

BEAUFAY *Dancing Le Croissant*
Ce soir : **GRANDE SOIRÉE** avec
DISCO TOP

3. Heute Nachmittag und heute Abend hat es geregnet.

_____

4. Sandrine geht jeden Sonntag mit Eric aus.

   Sandrine sort _____

5. Herr Dubois ist letzten Sonntag gekommen.

_____

Teilungsartikel

170 Teilungsartikel: *de* nach Mengenangaben

Nach Mengenangabe	Ohne Mengenangabe
*Il a **beaucoup de** difficultés.*	*Il a **des** difficultés.*
*Il fait **tant de** fautes.*	*Il fait **des** fautes.*
*Elle mange **un peu de** soupe.*	*Elle mange **de la** soupe.*
*Elle boit **un verre d**'eau minérale.*	*Elle boit **de l**'eau minérale.*
*Elle achète **un kilo de** bananes.*	*Elle achète **des** bananes.*

> Nach Mengenangaben steht nur *de*.

Achtung Ausnahmen: nach *bien, la plupart* (⟶ Kap. 171)

171 Teilungsartikel: ⚡ nach *bien, la plupart*

*avoir **bien du** travail*	*la plupart du temps*
*avoir **bien de la** chance*	*la plupart des élèves*
*voir **bien des** visiteurs*	*la plupart des hommes*

> Nach den Mengenangaben *bien* (= „ziemlich viel") und *la plupart* (= „die meisten") stehen *du, de l', de la, des*.
>
> (⚡ nicht nur *de* wie nach anderen Mengenangaben, ⟶ Kap. 170)

172 Teilungsartikel: *de* nach Verneinung

Ohne Verneinung	Nach Verneinung
*Il y a **des** difficultés.*	*Il n'y a **pas de** difficultés.*
*Elle fait **des** fautes.*	*Elle ne fait **pas de** fautes.*
*Elle boit **du** café.*	*Elle ne boit **pas de** café.*

> Nach *pas* steht nur *de*.

Achtung Ausnahmen: nach verneintem *être* (⟶ Kap. 173)

Test **170**

Complétez:

1. *Sandrine a* _____ *amis /*   *beaucoup* _____ *amis.*

2. *Il s'est produit* _____ *accidents /*   *tant* _____ *accidents.*

3. *Il est tombé* _____ *neige /*   *un peu* _____ *neige.*

4. *Il fait* _____ *fautes /*   *trop* _____ *fautes.*

5. *Nous avons encore* _____ *temps / assez* _____ *temps.*

6. *Il faut acheter* _____ *beurre /*   *500 grammes* _____ *beurre.*

CINQ MILLIARDS D'HUMAINS

Selon les statistiques des Nations unies, la Terre comptera cette année plus de cinq milliards d'êtres humains. Sa population augmente chaque jour de 220 000 habitants.

? *augmenter:* größer werden; *la neige:* der Schnee.

Test **171**

Complétez:

1. *beaucoup* _____ *Français*

2. *la plupart* _____ *Français*

3. *la plupart* _____ *personnel est en grève*

4. *lire beaucoup* _____ *romans*

5. *avoir bien* _____ *romans de Simenon*

6. *posséder bien* _____ *livres*

? *Simenon:* französischsprachiger Kriminalschriftsteller aus Belgien.

Test **172**

Complétez:

1. *J'ai* _____ *argent. Il n'a pas* _____ *argent.*

2. *Je fais* _____ *fautes. Il ne fait pas* _____ *fautes.*

3. *Il n'y a pas* _____ *fumée sans feu.*   4. *L'argent n'a pas* _____ *odeur.*

LA CROIX-ROUGE

ne connaît pas de distinction de race, de nationalité, de croyance

? *fumée:* Rauch; *odeur:* Geruch.

173 Teilungsartikel: ⚡ verneintes *être*

Ce **sont des** amis.   Ce **ne sont pas des** amis.

C'**est du** vin?   Ce **n'est pas du** vin.

> Wenn *être* verneint wird, steht nach *pas*:
> *du, de l', de la, des*.
>
> (⚡ nicht nur *de* wie sonst nach Verneinungen,
> ⟶ Kap. 172)

174 Teilungsartikel: Redewendungen ohne Artikel

avoir ✗ *faim, avoir* ✗ *soif*

avoir ✗ *raison, avoir* ✗ *tort*

avoir ✗ *honte, avoir* ✗ *peur, faire* ✗ *peur*

avoir ✗ *confiance, avoir* ✗ *pitié, faire* ✗ *pitié*

avoir ✗ *envie*

faire ✗ *plaisir à qn*

faire ✗ *preuve de qc*

perdre ✗ *patience, perdre* ✗ *courage*

prendre ✗ *part*

rendre ✗ *justice, se rendre* ✗ *compte de qc …*

> Diese Redewendungen stehen ohne Artikel und ohne
> Teilungsartikel.

? *avoir tort:* unrecht haben; *avoir honte:* sich schämen; *avoir envie:* Lust haben; *faire preuve:* unter Beweis stellen; *perdre patience:* die Geduld verlieren; *se rendre compte:* einsehen, bemerken.

Complétez:

1. – *Qu'est-ce que c'est?* _____ *cidre?*

2. – *Non, ce n'est pas* _____ *cidre, c'est* _____ *jus de pommes.*

3. – *A mon avis, ce n'est pas* _____ *jus de pommes,*

    c'est _____ *vin mousseux.*

Sans lait

Il ressemble au yaourt, mais ce n'est pas du yaourt. Pas une goutte de lait dans sa composition. Seulement du soja et rien que ça. Parfums? Framboise-passion, abricot-goyave et aux morceaux de fruits

? *cidre:* prickelnder Apfelwein aus der Normandie; *jus de pommes:* Apfelsaft; *vin mousseux:* Schaumwein, Sekt; *goutte:* Tropfen; *framboise:* Himbeere; *passion:* Passionsfrucht; *goyave:* tropische Frucht.

Complétez:

1. *J'ai* _____ *envie de rester sur la terrasse.*

2. *J'ai* _____ *faim. Tu as* _____ *pommes?*

3. *J'ai* _____ *soif. Tu as* _____ *eau minérale?*

4. *J'ai* _____ *confiance en mes amis.*

5. *Il me faut beaucoup* _____ *confiance, dans cette situation difficile.*

175 Teilungsartikel: ⚡ nach *sans*

Vergleiche

sans ✗ *amis*   *avec **des** amis*

sans ✗ *argent*

sans ✗ *permission*

sans ✗ *doute*

> Nach *sans* steht kein Artikel und kein Teilungsartikel.

176 *téléphoner à qn*

Aber Deutsch

*Elle téléphone **à** son ami.*   Sie telefoniert **mit** ihrem Freund.

> Beachte: *téléphoner à qn* (⚡ nicht: ~~avec qn~~!)

177 *texte*

Aber Deutsch

*le text**e***   der Text✗

Aber Englisch

the text✗

> *texte* wird im Französischen hinten mit **-e** geschrieben.

Complétez:

1. *C'est une maison sans _____ confort.*

2. *sans _____ exception*

3. *Ce biscuit est fait avec _____ beurre.*

4. *faire tout le voyage sans _____ accident*

? *exception:* Ausnahme; *rôti de porc:* Schweinebraten.

ROTI DE PORC
sans os, épaule
Le kg 21,00

Complétez:

1. *Il faut téléphoner _____ Sandrine, _____ directeur.*

2. *N'oublie pas de téléphoner _____ M. Dubois.*

Complétez:

1. *lire le _____*

2. *expliquer le _____*

3. *un _____ tapé à la machine*

4. *Il faut corriger le _____ .*

? *taper:* tippen.

178 *le tour / la tour*

	Aber Deutsch
le tour de France	**die** Tour de France
la tour Eiffel	**der** Eiffelturm

Unterscheide

le tour	die Tour
la tour	der Turm

---

179 *tout ce / tous*

„alles (was)"	**„alle"**
***Tout ce** <u>qui</u> est possible ...*	***Tous** sont là.*
*Elle m'a dit **tout ce** <u>qu</u>'elle a entendu.*	*Je les vois **tous**.*

Unterscheide

tout ce + Relativsatz   alles (was)
tous [tus]   alle
(Beachte, dass das **-s** gesprochen wird.)

⟶   *tout* + Relativsatz (Kap. 182)

---

180 *tout de suite, tout à l'heure*

tout ✗ *de suite*

tout ✗ *à l'heure*

In diesen beiden Ausdrücken wird *tout* ohne **-e**
geschrieben.

Ajoutez l'article:

1. _____ tour Eiffel a 100 ans.

2. faire _____ tour du monde

3. _____ tour de Babel

4. _____ tour de la cathédrale

5. faire _____ tour du jardin pour admirer les fleurs

Le dimanche 31 mars 1889, Gustave Eiffel, après deux ans, deux mois et cinq jours de chantier, inaugurait sa tour après en avoir gravi les 1.710 marches !

? *chantier:* Baustelle; *inaugurer:* einweihen; *gravir:* hinaufsteigen.

Complétez:

1. *Tou_____ qu'il a dit est faux.*

2. *Tou_____ ont compris.*

3. *Je les ai invités tou_____ .*

4. *C'est tou_____ que j'ai pu faire.*

– Et alors, pour mon beau-frère, vous pouvez apporter tout ce qui figure dans les deux colonnes.

? *colonne:* Spalte.

Complétez:

1. *Alain était là _____ l'heure.*   2. *Il va revenir _____ suite.*

3. *Tu as vu l'accident _____ l'heure?*   4. *La police est arrivée*

_____ *suite.*

181 *tout le monde*

Aber Deutsch

*Tout le monde **est** prêt.*   Alle **sind** fertig.

*Tout le monde vous **connaît.***   Alle **kennen** euch.

> Nach *tout le monde* steht das Verb im Singular.

182 *tout* + Relativsatz

Aber Deutsch

*Je salue tous **ceux** qui sont venus.*   (… alle, ✗ die gekommen sind.)

*Voilà toutes **celles** que je connais.*   (… alle, ✗ die ich kenne.)

*Elle sait tout **ce** qui se passe ici.*   (… alles, ✗ was hier passiert.)

> Zwischen *tous* und dem Relativsatz steht *ceux*,
>
> zwischen *toutes* und dem Relativsatz: *celles*
>
> und zwischen *tout* und dem Relativsatz: *ce*.

➡ *tout ce/tous* (Kap. 179)

183 Trema

l'égoïste, haïr, le maïs, naïf, Noël …

> Das Trema (¨; frz. *le tréma*) zeigt an, dass beide Vokale einzeln gesprochen werden.

➡ *haïr* (Kap. 88)

? *maïs:* Mais; *Noël:* Weihnachten.

Complétez:

1. *Tout le monde _____ là? (être)*

2. *Tout le monde _____ d'accord? (être)*

3. *Tout le monde _____ ce film. (aimer)*

4. *Tous _____ compris? (avoir)*

Complétez:

1. *Mme Collin a un kiosque près de la plage, où elle vend tout _____ dont les touristes ont besoin.*

2. *Elle parle à tous _____ qui sont venus chez elle.*

3. *Elle sait tout _____ qui se passe à la plage.*

4. *Elle remarque tout _____ qui se passe autour d'elle.*

Cancer
du 22 6 au 22 7

Vous pouvez, aujourd'hui, faire pratiquement tout ce que vous avez envie de faire avec la perspective du succès.

Complétez:

1. *les vacances de No___l*

2. *dire tout na___vement ce qu'on pense*

3. *Julien est un grand égo___ste.*

184 *-tt-* oder *-t-* in Verbformen

Präsens	Futur	Konditional
je jette	*je jetterai*	*je jetterais*
tu jettes	*tu jetteras*	*tu jetterais*
il jette	*il jettera*	*il jetterait*
nous jetons	*nous jetterons*	*nous jetterions*
vous jetez	*vous jetterez*	*vous jetteriez*
ils jettent	*ils jetteront*	*ils jetteraient*

Ebenso: *feuilleter* (blättern), *projeter* (planen), *rejeter* (zurückweisen), *souffleter* (ohrfeigen) …

> Bei diesen Verben steht **-tt-** im Präsens
> (außer 1./2. Person Plural), im Futur, im Konditional.

Beachte: Das Verb *regretter* wird in allen Formen mit **-tt-** geschrieben.

➞ weitere Verben auf **-er** mit Besonderheiten (Kap. 4, 42, 69, 73, 84, 96, 110)

185 *venir (de) faire qc*

„kommen, um etwas zu tun"	„gerade etwas getan haben"
Il vient ✗ m'aider.	*Elle vient **d'**arriver.*
Elle vient ✗ chercher son parapluie.	*Elle vient **de** sortir.*

> Unterscheide:
>
> *venir ✗ faire qc*   kommen, um etwas zu tun
> *venir **de** faire qc*   gerade etwas getan haben

Test 184

Ajoutez les formes du verbe «jeter»:

1. Présent:

   je _____ *, nous* _____ *, ils* _____

2. Futur:

   je _____ *, nous* _____ *, ils* _____

3. Conditionnel: il _____

4. Elle je_____e les fleurs fanées.

5. Tu je_____es la lettre dans la corbeille à papier.

6. Il ne faut pas je_____er l'argent par les fenêtres.

– A quoi ça sert d'être ministre de la Culture quand vous n'êtes pas capable de me dire si «regretter» prend un «t» ou deux!

? *jeter:* (auch) wegwerfen; *fané:* verwelkt; *corbeille à papier:* Papierkorb.

Test 185

Complétez:

1. *Je viens* _____ *recevoir une lettre.*

2. *Quand vous êtes à Paris, ne manquez pas de venir* _____ *me voir.*

3. *Mais quand je suis arrivé, il venait* _____ *partir.*

NOUVEAU PARKING BOULEVARD DE LA BASTILLE

Pas facile de trouver une place de stationnement dans le quartier de la Bastille ! Afin de remédier à ce problème, la Ville de Paris vient de décider la construction sous le boulevard de la Bastille, entre les rues Lacuée et Biscornet, d'un nouveau parking qui, sur trois niveaux, comprendra 360 places.

? *stationnement:* Parken; *quartier:* Stadtteil; *remédier:* Abhilfe schaffen.

186 *ver / verre / vers / vert* (= Aussprache [vɛr]).

le **ver** de terre	der Regen**wurm**
un **verre** d'eau	ein **Glas** Wasser
écrire des **vers**	**Verse** schreiben
se diriger **vers** le sud	sich **nach** Süden wenden
le feu **vert**	das **grüne** Licht

> Unterscheide die Bedeutung dieser gleich
> gesprochenen Wörter!

187 Vergleich mit *que / comme*

*Sandrine est plus grande **que** moi.*

*François travaille moins vite **que** ses camarades.*

*Julien parle **comme** un idiot.*

*Sandrine est blonde **comme** sa mère.*

> Wenn dem Vergleich ein hinweisendes Wort voraus-
> geht, steht *que*.
>
> Wenn kein hinweisendes Wort vorausgeht, steht *comme*.

Verneinung

188 Verneinung: „auch nicht"

*M. Dubois n'a pas été blessé dans cet accident, sa femme **non plus**.* (= „… auch nicht".)

> „auch nicht" ist zu übersetzen mit *non plus*.

Complétez:

1. *prendre un _____ de vin*

2. *Cette pomme _____ est pleine*

   de _____ .

3. *aimer la littérature: les _____ et la prose*

4. *descendre _____ le lac pour se mettre au soleil*

Pauvre ver,
Rentre dans la terre.
Moi, je préfère
Boire mon lait dans un verre.

Ajoutez «que» ou «comme»:

1. *Cette maison est grande _____ un palais.*

2. *Cette maison est plus grande _____ un palais.*

3. *Le stationnement à Paris est plus difficile*

   _____ dans les autres villes de France.

4. *Tout s'est passé _____ je l'avais prédit.*

? *prédire:* voraussagen; *stupide:* dumm; *victime:* Opfer.

Chaque année, 22 000 personnes, parmi lesquelles 700 enfants, meurent à la suite d'un accident « stupide ». Deux fois plus de victimes « à la maison » que sur les routes...

Traduisez les phrases allemandes:

1. *Tu n'as pas entendu la sonnette?* (Ich habe sie auch nicht gehört.)

   _____

2. *Tu n'aimes pas danser?* (Ich auch nicht.) _____

? *sonnette:* Klingel.

189 Verneinung: *ne pas* + Infinitiv

*Etre ou **ne pas** être …*

*Je me suis dépêché pour **ne pas** être en retard.*

*Il vaut mieux **ne pas** arriver trop tôt.*

> **BAIGNADE :** ne pas se plonger dans un lac de montagne après s'être exposé au soleil. L'eau de surface peut être à 22 degrés, mais celle qui se trouve à 1 mètre plus bas est parfois à 6 degrés.

> *ne pas* steht vor dem verneinten Infinitiv.

? *baignade:* Baden; *surface:* Oberfläche; *degré:* Grad.

190 Verneinung: *non pas*

*Je parle de Sandrine et **non pas** de sa sœur.*

*Elle aime Olivier et **non pas** Eric.*

*Elle est belle et **non pas** laide.*

> *non pas* gebraucht man, wenn von zwei Begriffen einer verneint wird.
>
> Hinweis: Statt *non pas* gebraucht man in gehobener Sprache nur *non* und in der Umgangssprache nur *pas*.

191 Verneinung: *personne (ne)*

Subjekt	**Objekt**	**alleinstehend**
*****Personne** n'est venu.*	*Je **ne** vois **personne**.*	*Y a-t-il quelqu'un?*
*****Personne** ne le sait.*	*Il **n'**y a **personne**.*	*Non, **personne**.*

> Unterscheide
>
> „niemand" (Subjekt) *personne ne … (ohne pas!)*
> „niemand" (Objekt) *ne … personne (ohne pas!)*
> „niemand" (allein stehend) *personne (ohne ne!)*

Complétez:

1. *Sandrine a promis à sa mère de*

   _____ *rentrer trop tard.*

2. *Je n'ai rien dit pour* _____
   vous inquiéter.

? *stationner:* parken.

Complétez:

1. *Alain a la grippe et* _____ *une pneumonie.*

2. *C'est mon argent et* _____ *le vôtre.*

3. *C'est un conseil et* _____ *un ordre.*

4. *Ma tante a écrit une lettre et* _____ *une carte.*

? *pneumonie:* Lungenentzündung; *ordre:* Befehl.

Traduisez:

1. Ich habe es niemandem gesagt.

   _____

2. Ich kenne niemanden.

   _____

3. Niemand ist verletzt.

   _____

? verletzt: *blessé.*

192 Verneinung: von *quelqu'un*

Tu veux voir **quelqu'un**? ——————————→ *Non, je* **ne** *veux voir* **personne**.

Elle parle à **quelqu'un**? ——————————→ *Elle* **ne** *parle à* **personne**.

Y a-t-il **quelqu'un**? ——————————→ *Non,* **personne**.

> Die Verneinung von *quelqu'un* ist *personne*.
>
> (⚡ ~~pas quelqu'un~~ gibt es nicht!)

193 Verneinung: *rien (ne)*

Subjekt	Objekt	alleinstehend
Rien ne *s'est passé.*	*Il* **ne** *remarque* **rien**.	*Tu entends quelque chose?*
Rien ne *va plus.*	*Il* **n'**entend **rien**.	*Non,* **rien**.

> Unterscheide
>
> „nichts" (Subjekt)   *rien ne…* (ohne *pas*!)
> „nichts" (Objekt)   *ne…rien* (ohne *pas*!)
> „nichts" (allein stehend)   *rien* (ohne *ne*!)

Rien ne sert de courir, il faut partir au bon moment.

Complétez:

1. *Tu attends quelqu'un?*

   Non, je _____

2. *Tu entends quelqu'un?*

   Non, je _____

3. *Y a-t-il quelqu'un qui pourrait me renseigner?*

   Non, il _____

? *renseigner:* Auskunft geben.

Traduisez:

1. Ich sehe nichts.

   _____

2. Ich habe nichts gefunden.

   _____

3. Nichts gefällt ihm.

   _____

4. Wer nichts riskiert, hat nichts.

   _____

194 Verneinung: von *quelque chose*

*Tu cherches **quelque chose**?*   ⟶ *Non, je **ne** cherche **rien**.*

*Il voit **quelque chose**?*   ⟶ *Non, il **ne** voit **rien**.*

*Elle revient pour dire **quelque chose**?* ⟶ *Elle revient **sans rien** dire.*

> Die Verneinung von *quelque chose* ist *rien*.
>
> (⚡ ~~*pas quelque chose*~~ ist falsch!)

---

195 *visiter / aller voir, venir voir*

„besichtigen"   **„besuchen"**

*On **visite** le musée.*   *Il **va voir** ses amis.*

***visiter** le château*   ***aller voir** son oncle*

                                       *Il **vient** me **voir** tous les jours.*

Aber Englisch

He **visits** the museum.   He **visits** his friends.

> Unterscheide
>
> | | |
> |---|---|
> | *visiter* | besichtigen |
> | *aller voir* | besuchen (gehen) |
> | *venir voir* | besuchen (kommen) |

---

196 *voir*

voir   *croi**re***

                                      *boi**re***

> *voir* = „sehen" wird ohne **-*e*** geschrieben.
> (*voire* bedeutet „sogar").

Complétez:

1. *Tu attends quelque chose? Non, je* _____

2. *Quelque chose t'inquiète? Non,* _____

3. *Peut-on faire quelque chose? Non, on* _____

4. *Il s'est passé quelque chose d'extraordinaire? Non, il* _____

? *inquiéter:* beunruhigen.

Complétez:

1. *Les touristes* _____ *les châteaux de la Loire.*

2. *Je* _____ *mon cousin à Strasbourg.*

3. *Est-ce que tu as* _____ *la cathédrale?*

4. *Sandrine* _____ *les parents de son ami.*

Complétez:

1. *Il faut absolument v_____ ce beau film.*

2. *Elle est fière de se v_____ admirée de tout le monde.*

3. *Il ne faut pas cr_____ tout ce qu'on entend.*

? *fier, fière:* stolz.

197 *voir / regarder*

„sehen"

voir un accident

voir un ami dans la rue

„hinsehen"

regarder les blessés

regarder l'émission de variétés

> Unterscheide
>
> *voir*   sehen
> *regarder*   bewusst hinsehen

? *émission de variétés:* Show.

Zahlen

198 Zahlen: *quatre*

deux élèves

trois élèves

quatre *élèves*

quatre *pays*

Vergleiche

les autres élèves

les pays neutres

> *quatre* bekommt kein  **-s** .

Ajoutez «voir» ou «regarder»:

1. *Je ne _____ rien dans cette obscurité.*

2. *Elle _____ sa montre pour savoir quelle heure il est.*

3. *Le chien _____ son maître pour savoir ce qu'il faut faire.*

4. *Mme Dubois a mis sa nouvelle robe, elle se _____ dans le miroir.*

? *obscurité:* Dunkelheit; *miroir:* Spiegel.

Complétez:

1. *Inviter _____ (4) personnes.*

2. *Il mange comme _____ (4).*

3. *Elle lui a dit ses _____ (4)*
   vérités.

Le maître:
– Cite-moi dix animaux vivant en Afrique.
L'élève:
– Un rhinocéros, deux lions, trois éléphants et quatre girafes.

? *citer:* zitieren, nennen.

199 Zahlen: mit/ohne -*s*

mit -*s*	ohne -*s*	Aber Englisch
quatre-vingts	*quatre-vingt✗-dix*	two hundred✗
deux cents	*deux cent✗ dix*	two thousand✗
	deux mille✗	two million✗
deux millions		
deux millions dix		

> Beachte
>
> *quatre-vingt(s)* und *cent(s)* haben nur ein -*s*, wenn keine weitere Zahl folgt.
>
> *mille* hat nie ein -*s.*
>
> *million* hat in der Mehrzahl immer ein -*s.*

BANQUE ATTAQUEE
Quarante-deux mille francs, c'est le butin d'un malfaiteur armé d'un pistolet qui a attaqué une agence de la Société générale, rue

? *butin:* Beute; *agence:* Zweigstelle.

200 Zahlen: *siècle*

	Aber Deutsch
le **XVI**^{e} *siècle*	das **16.** Jahrhundert
le **XX**^{e} *siècle*	das **20.** Jahrhundert

> Die Jahrhunderte werden im Französischen mit römischen Zahlen angegeben.

Complétez:

1. *quatre-vingt___*

2. *quatre-vingt___-dix-neuf*

3. *cent___ ans*

4. *deux cent___*

5. *le monde en l'an deux mille___*

6. *toucher deux million___ à la loterie nationale*

7. *faire plus de cinq cent___ kilomètres dans la journée*

> **V**INGT-CINQ ans après sa mort, Edith Piaf vaut toujours de l'or : un album de compilation de ses plus grandes chansons vient en effet d'obtenir coup sur coup un disque d'or (100.000 exemplaires) et un disque de platine (300.000 exemplaires).

? *Edith Piaf:* französische Chansonsängerin; *compilation:* Zusammenstellung, hier: Auswahl.

Complétez:

1. *la littérature classique du _____ siècle* (17. Jh.)

2. *Victor Hugo a vécu au _____ siècle.* (19. Jh.)

3. *la seconde moitié du _____ siècle* (20. Jh.)

> **CHATEAUNEUF-SUR-CHER**
> (Cher)
>
> Costumes Louis XV pour un spectacle équestre dans la cour d'honneur du château, lequel a été construit au XVIe siècle. Tous les jours, à 17 h 30, jusqu'au 4 septembre. Entrée 50 F avec la visite.

? *spectacle équestre:* Vorführung mit Pferden; *Victor Hugo:* französischer Dichter.

mentor training XXL

200 Tests
Französisch 1. – 4. Lernjahr

Mit Regeln, Beispielen, Lösungen

Diethard Lübke

Lösungsteil

In Zusammenarbeit
mit Langenscheidt

Eine Klasse besser.

Hinweis: Der *Conseil supérieur de la langue française* empffiehlt seit 1990 kleinere Änderungen zu einigen Bereichen der französischen Rechtschreibung, die allerdings nicht verbindlich sind. Beide Schreibweisen, sowohl die alte als auch die neue, sind also korrekt. Es bleibt abzuwarten, ob sich die neuen Schreibweisen durchsetzen werden. Ausführliche Informationen über die vorgeschlagenen Änderungen findet man auf Französisch unter www.orthographe-recommandee.info.

Lösungen zu den einzelnen Tests

Test 1
a / à

1. aller à Paris. 2. 100 kilomètres à l'heure.
3. être prêt à partir. 4. Ce livre est à moi.
5. Je ne comprends pas pourquoi Alain a donné tant d'argent à Jean.

Test 2
à / de / en

1. J'écris une carte postale à Sandrine et à son frère.
2. J'ai été à Nice et à Cannes. 3. J'ai voyagé en France et en Italie.

Test 3
à / en

1. aller à Paris. 2. aller en France. 3. passer ses vacances au Canada.
4. faire un voyage à Rome, en Italie

Test 4
acheter,
etc.

1. Présent: j'achète, nous achetons, ils achètent
2. Futur: j'achèterai, nous achèterons, ils achèteront
3. Conditionnel: il achèterait 4. J'achète un livre dans une librairie.
5. Papa achète un jouet à son enfant.
6. Maman va acheter des légumes au marché.

Adjektive

Test 5
...auf -e

1. Xavier est un jeune homme aimable.
2. M. Dubois est malade depuis deux jours; il est difficile de le remplacer.
3. Ce petit appartement est confortable. 4. M. Covin est responsable.
5. Renoir était un peintre français célèbre.

Test 6
...auf -s

1. porter un manteau gris. 2. Le ciel n'est pas bleu, il est gris.
3. un touriste anglais et un touriste français.
4. Le café n'est pas bon, il est mauvais.

Test 7
...beau/bel, etc.

1. (beau ...) Voici Isabelle: a) Elle a un beau visage, b) une belle peau, c) de beaux yeux, d) une belle bouche, e) de belles dents. f) Elle a de beaux cheveux. g) Elle porte un beau costume folklorique.
2. (beau ...) a) admirer un beau paysage b) C'est un bel arbre c) une belle nuit d) un bel après-midi e) une belle matinée
3. (nouveau ...) a) la mode nouvelle b) une nouvelle édition de ce livre c) le Nouveau Monde d) les nouveaux mariés e) le nouvel élu
4. (vieux ...) a) la vieille ville b) C'est une vieille histoire. c) un vieil arbre d) On a conduit la vieille dame à l'hôpital.

Test 8
...Stellung
beim Nomen

1. un bon roman 2. un roman intéressant
3. un mauvais roman 4. une belle maison
5. une vieille maison 6. une petite maison.

Test 9
... Veränder-lichkeit

1. un petit appartement 2. une petite voiture
3. une petite somme d'argent 4. une petite ville
5. J'aime mon petit chat.

Adjektiv / Adverb

Test 10
... Unter-scheidung

1. «prudent» ou «prudemment»: a) un conducteur prudent (adj.) b) Il conduit prudemment. (adv.) c) un alpiniste prudent (adj.)
2. «poli» ou «poliment»: a) saluer poliment ses amis (adv.) b) un jeune homme poli (adj.) c) refuser poliment une invitation (adv.)
3. «bon» ou «bien»: a) chercher un bon hôtel (adj.) b) Le lit est bon. (adj.) c) J'ai bien dormi. (adv.)
4. «mauvais» ou «mal»: a) Le temps est mauvais; il pleut. (adj.) b) Le moment est mal choisi. (adv.) c) Les affaires vont mal. (adv.)
5. «rapide» ou «vite»: a) Ce train rapide roule très vite. (adj. + adv.) b) prendre une décision trop rapide. (adj.)

Test 11
... unregel-mäßige Steigerung

1. Alain est un bon copain; il est mon meilleur ami.
2. Je l'aime bien, je l'aime mieux que les autres.
3. Nous passons beaucoup de temps ensemble; je passe avec lui plus de temps qu'avec mes autres camarades.

Test zur Tabelle
... unregelmäßige Adverbien

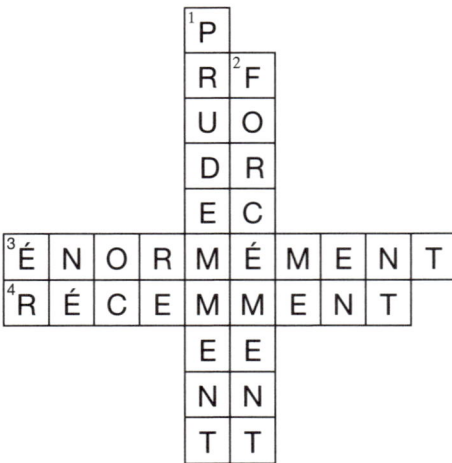

Test 12
agir

1. De quoi s'agit-il dans ce roman?
2. Dans ce roman, il s'agit d'un grand amour.
3. Dans ce chapitre, il s'agit de la première rencontre des deux amoureux.

Test 13
aider qn

1. J'aide ma mère. 2. J'aide mon père. 3. Je l'aide. 4. J'aide mes amis.
5. Je les aide.

Test 14
Altersangaben

1. a) Sandrine a vingt ans. b) Son ami a vingt-cinq ans.
2. Il avait soixante ans au moment de sa mort.

Test 15
**Anführungs-
zeichen**

1. *croire au «progrès» de l'humanité*
2. *Nous avons lu la fable «Le loup et l'agneau» de La Fontaine.*
3. *Selon La Fontaine: «La raison du plus fort est toujours la meilleure.»*

Apostroph

Test 16
… ⌿ le héros

1. *J'ai vu un film avec Jean Gabin; j'aime le héros de ce film.*
2. *Jeanne d'Arc est l'héroïne nationale des Français.*
3. *J'admire l'héroïsme des Bourgeois de Calais.*

Test 17
…⌿ les huit,
etc.

1. *le onze novembre* 2. *le onze de France (= l'équipe de football)*
3. *le oui au référendum* 4. *Cette affaire est à la une de tous les journaux.*
5. *L'union fait la force.*

Test 18
… bei que

1. *Qui a téléphoné?* 2. *Qui êtes-vous?* 3. *C'est Sandrine qui est partie?*
4. *Avec qui est-elle partie?* 5. *Voici la lettre qu'elle a écrite.*
6. *Qu'allez-vous faire?*

Test 19
…bei si

1. *Si elle est d'accord …* 2. *S'il est aussi d'accord …* 3. *Si elle les avait vus …*
4. *S'ils les avaient vus …*

Test 20
s'approcher de

1. *approcher la tasse de ses lèvres* 2. *approcher la table de la fenêtre*
3. *Alain s'approche du but.*

Test 21
après /
après que

1. *Après le repas…* 2. *Après que le repas fut fini…*
3. *Après la fin de la messe…* 4. *Après la guerre…*
5. *Après que tout fut fini…* 6. *Après que tous les invités eurent quitté la salle…*

Artikel

Test 22
… Automarken

1. *Tu achètes une Peugeot?* 2. *Moi, j'ai une Volkswagen.*
3. *M. Dubois est très content de sa Citroën.*

Test 23
… Eigennamen

1. *«à», «au»: a) parler au patron b) parler à M. Dupont c) téléphoner au
directeur d) téléphoner à Jean e) téléphoner à Madame Dubois*
2. *«de», «de l'»: a) C'est l'adresse de Sandrine. b) Voici l'adresse de Mme
Dubois. c) Tu as l'adresse de l'hôtel?*

Test 24
**… Länder-
namen**

1. *la France* 2. *le Canada* 3. *le Luxembourg* 4. *la Suisse* 5. *la Belgique*
6. *la Pologne* 7. *la Chine* 8. *le Japon* 9. *le Pérou*

Test 25
**… Nomen
auf -age**

1. *faire un reportage* 2. *lire une page de ce livre* 3. *citer un passage*
4. *avoir un garage* 5. *un nuage* 6. *faire un mariage d'amour*

Test 26
… Nomen
auf -eur

1. le moteur 2. le directeur 3. la douleur 4. la grandeur 5. l'auteur (m)
6. le visiteur 7. la fraîcheur 8. le bonheur 9. le malheur 10. la vapeur
11. la longueur 12. la chaleur

Sont féminins: la douleur, la grandeur, la fraîcheur, la vapeur, la longueur, la chaleur.
Sont masculins: le moteur, le directeur, l'auteur, le visiteur, le bonheur, le malheur.

Test 27
… Nomen
auf -té

1. une amitié sincère 2. Alain, malgré ses défauts, a un côté sympathique.
3. Voici un député de la majorité.
4. parler avec une simplicité qui touche le cœur.

Test 28
aussi

1. Mon ami aime aussi la musique. 2. Il me connaît aussi.
3. Aussi ai-je beaucoup de CDs. 4. Aussi a-t-il du succès.

Test 29
Aussprache -er

1. cher [ʃɛr] 2. chère [ʃɛr] 3. boucher [buʃe] 4. coucher [kuʃe] 5. confier [kõfje]
6. fier [fjɛr] 7. amer [amɛr]

Test 30
Aussprache -eu-

On prononce [y]: 3. elle a <u>eu</u> froid, 5. tout à coup elle <u>eut</u> une idée.

Test 31
autre

1. Puis j'ai vu d'autres Porsches.
2. Mon père se souvient aussi des autres voyages à la Martinique.

Test 32
avant / devant

1. Où est le bureau de poste? Devant la mairie?
2. Non, le bureau de poste est juste devant l'église.
3. Philippe est arrivé avant Sandrine.

Test 33
avant /
avant que

1. Je l'ai vu avant le dîner. 2. Il est rentré avant midi.
3. Il est rentré avant qu'il pleuve. 4. Viens vite avant qu'il soit trop tard.
5. préparer tout avant l'arrivée des invités
6. préparer tout avant que les invités arrivent

avoir / être

Test 34
… avoir in
zusammenge-
setzten Zeiten

1. Mon frère a été en Espagne 2. Il a nagé toute la journée.
3. Il a plongé. 4. Il a voyagé avec ma tante.
5. J'ai accompagné mon frère et ma tante à l'aéroport.
6. L'avion a décollé à 2 heures. 7. L'avion est arrivé à l'heure.

Test 35
… être in
zusammenge-
setzten Zeiten

1. Mme Dubois a sorti sa Renault du garage. 2. Elle est arrivée au centre commercial; une demi-heure après, elle en est repartie. 3. Elle a monté un grand sac dans sa voiture. 4. Elle est retournée à la maison. 5. Quand elle est entrée dans la maison, elle s'est aperçue qu'elle avait oublié un cadeau pour son mari qui est né le 18 mai.

Test 36
... *être* bei reflexiven Verben

1. *Elle s'est informée.* 2. *Elle s'est fâchée.*
3. *Mme Dubois s'est promenée en ville.* 4. *La voiture s'est arrêtée.*

Test 37
... zusammengesetzte Zeiten von *être*

1. *– Pendant les vacances, j'ai été sur la Côte d'Azur.* 2. *– Tu as été content?*
3. *– Oui, mais mon amie a été malade pendant trois jours.*
4. *Nous avons été obligés de rentrer plus tôt.*

Test 38
avoir besoin de

1. *Tu as besoin de ce livre?* 2. *Non, je n'ai pas besoin de ce livre.*
3. *Pour acheter une moto, Frédéric a besoin de beaucoup d'argent.*
4. *Pour traduire ce texte difficile, j'ai besoin d'un bon dictionnaire.*
5. *Isabelle est fatiguée, elle a besoin de dormir.*

Test 39
avoir raison / avoir le droit

1. *Sandrine ne se trompe pas, elle a raison.* 2. *Tu as raison de protester, parce que moi, je ne suis pas d'accord non plus.*
3. *On n'a pas le droit de stationner devant l'hôtel.*

Test 40
beaucoup

1. *Sandrine est beaucoup plus jeune que son ami.* 2. *Alain lit beaucoup.*
3. *Il s'est produit beaucoup d'accidents à ce carrefour.*

Test 41
-ç- oder -c-

1. *aimer la langue française* 2. *J'ai aperçu un ami dans la rue.* 3. *prendre des leçons de danse* 4. *danser avec Françoise* 5. *merci beaucoup, madame.*

Test 42
-ç- oder -c- in Verbformen

1. *Présent: je commence, nous commençons, ils commencent*
2. *Imparfait: je commençais, nous commencions, ils commençaient*
3. *Nous commençons la visite de la ville par le château.*
4. *Les repas commençaient par des hors-d'œuvres variés.*

Test 43
caractère

1. *analyser le caractère de ce personnage du roman* 2. *Voici un trait caractéristique de ce personnage.* 3. *Il a un bon caractère.*

Test 44
ce / se

1. *Elle s'est réveillée ce matin à six heures.* 2. *Ce chapitre se compose de deux parties.* 3. *J'ai lu ce passage à la page vingt.* 4. *J'ai réfléchi à ce qui s'est passé.*

Test 45
ces / ses

1. *– Où sont mes valises? demande M. Dubois. M. Dubois cherche ses valises.*
2. *– Ces valises sont à vous, monsieur?*
3. *Mme Dubois n'a pas ses clefs.* 4. *Elle cherche ses clefs partout.*
5. *Son mari trouve des clefs. – Ces clefs sont à toi, Brigitte?*

Test 46
chaque / chacun / quelqu'un

1. *chacun d'entre nous* 2. *chaque membre de la famille*
3. *Chacun le dit.* 4. *Quelqu'un vous a demandé, monsieur?*
5. *À chacun ses idées.*

Test 47
cher /
bon marché

1. Ces produits sont chers / bon marché. 2. Ces marchandises sont chères / bon marché. 3. Les pommes de terre sont chères / bon marché. 4. La viande est chère / bon marché.

Test 48
chez

1. Je vais chez le coiffeur, 2. chez le boulanger, 3. chez le boucher et 4. chez le dentiste. 5. Je vais aussi à la poste. 6. Ensuite je vais chez la voisine.

Test 49
ciseaux etc.

1. chercher les ciseaux 2. porter des lunettes 3. étudier les mathématiques 4. deux paires de lunettes

Test 50
comme /
comment

1. blanc comme la neige 2. rapide comme l'éclair 3. Comment écrit-on ce nom? 4. Je ne sais pas comment on écrit ce nom. 5. Comment trouvez-vous ce roman?

Test 51
conduire /
aller

1. Sandrine et moi, nous allons en voiture à Paris.
2. Où allez-vous pendant les vacances?
3. Voici mon permis de conduire.
4. M. Duval conduit très prudemment.
5. Aujourd'hui il a trop bu, c'est donc sa femme qui conduit.

Test 52
côté / côte

1. On peut entrer dans la maison par le côté gauche. 2. passer ses vacances sur la Côte d'Azur 3. En Bretagne, la côte est rocheuse. 4. Voici le côté ensoleillé du jardin. 5. prendre la vie du bon côté

Test 53
couleur /
peinture

1. un tube de peinture verte 2. une robe de couleur rouge 3. des photos en couleurs 4. La peinture commmence à sécher. 5. acheter de la peinture à l'huile 6. C'est de la peinture.

Test 54
créer

1. Ce romancier a créé des personnages très vrais.
2. M. Dubois possède une usine que son grand-père a créée.
3. Cette collection de mode est créée par un grand couturier parisien.
4. Le prix littéraire le plus célèbre est celui que Nobel a créé.

Test 55
de

1. parler de M. Dubois. 2. Ils s'entretiennent de Pierre. 3. s'informer du prix.
4. Il faut que je prévienne mon oncle Jules de l'heure de mon arrivée.
5. Elle a ri de cette plaisanterie. 6. Je me réjouis du bon résultat.
7. Chacun se moque d'Alain et de sa bêtise. 8. Il se plaint de l'injustice.
9. Je suis étonné de cette lettre aimable.

Test 56
décider à/de

1. Tu t'es décidé à rester ici?
2. Non, je me suis décidé à participer à l'excursion.
3. Je suis décidé à venir avec toi.
4. J'ai décidé de tenter ma chance.

Test 57
demander à qn

1. J'ai demandé ce livre au libraire. 2. Je lui ai demandé ce livre.
3. Frédéric a demandé conseil à son ami. 4. Il lui a demandé conseil.
5. Alain a demandé à Sandrine et à Isabelle de venir à la fête du village.
6. Il leur a demandé de venir à la fête.

Demonstrativpronomen

Test 58
... ce / il / cela

1. Il fait nuit. 2. Il pleut depuis une heure. 3. Il me reste encore du temps libre.
4. Cela ne me plaît pas. 5. Cela me laisse indifférent. 6. C'est trop difficile
pour moi. 7. C'est possible. 8. Il n'y a pas de règle sans exception.

Test 59
... ce / c'est

1. cet ami 2. ce camarade de classe 3. cet ancien camarade de classe
4. cet enfant 5. C'est un enfant de dix ans. 6. corriger cette erreur
7. C'est une erreur. 8. C'est un texte qui est difficile à comprendre.
9. C'est une faute qui n'est pas grave.

Test 60
... celui(-ci)

1. Je cherche une cravate: Celle-ci est très jolie. 2. Que dis-tu? Je préfère
celle-ci. 3. Elle ressemble à celle de mon père. 4. Tu cherches un nouvel
appartement? Oui, celui que j'ai maintenant est trop petit. 5. As-tu vu celui de
M. Dubois? Celui-ci est magnifique et pas très cher.

Test 61
... ces

1. cette dame / ces dames 2. ce visiteur / ces visiteurs 3. ce touriste / ces
touristes (wenn es sich um Tourist<u>innen</u> handelt: cette touriste / ces touristes)
4. cet ami / ces amis 5. cette question / ces questions 6. ce chat / ces chats

Test 62
**depuis /
depuis que**

1. Le vent souffle depuis deux jours. 2. Il pleut depuis ce matin. 3. Il pleut
depuis que nous sommes arrivés. 4. Depuis cet accident, mon père est infirme.
5. Depuis qu'il a eu cet accident, il n'a plus voulu conduire.

Test 63
des / dès

1. Dès le jour où il a appris ce malheur, il a des soucis.
2. Je serai à Paris dès le 15 mai. 3. J'y serai avec des amis.

Test 64
**désirer /
souhaiter**

1. – Bonjour, madame, que désirez-vous?
2. – Je désire un kilo de bananes.
3. – Vous désirez encore quelque chose?
4. – Eh bien, je vous souhaite un bon voyage.

Test 65
Direkte Rede

1. Maman demande: – Quand seras-tu de retour?
2. Isabelle répond: – Avant minuit, maman.
3. – Très bien, je vais t'attendre, dit sa mère.

Test 66
-é, -ez, -er

1. Voulez-vous danser? 2. Vous dansez très bien, mademoiselle.
3. J'aime danser la valse. 4. Elle a dansé toute la soirée.
5. J'ai dansé avec Isabelle.

Test 67
écouter /
entendre

1. *Alain entend mal de l'oreille gauche.* 2. *Tu n'as pas entendu la sonnette d'alarme?* 3. *C'est un plaisir d'écouter cette musique.* 4. *écouter le discours du président de la République*

Test 68
eh / et

1. *– Eh bien, on peut commencer.* 2. *– Eh! attendez un peu.* 3. *– Sandrine et Isabelle manquent encore.* 4. *– Eh bien, attendons encore quelques minutes.*

Test 69
employer, etc.

1. *Présent: j'emploie, nous employons, ils emploient* 2. *Futur: j'emploierai, nous emploierons, ils emploieront* 3. *Conditionnel: il emploierait*
4. *Les Dubois emploient une femme de ménage.*
5. *Cette entreprise emploie de la main-d'œuvre étrangère.*

Test 70
employer /
user

1. *Il ne faut pas employer ce mot vulgaire.*
2. *M. Duval a usé son veston aux coudes.*
3. *Il faut bien employer son temps.*
4. *Cette expression ne s'emploie plus.*

Test 71
ensemble

1. *Nous allons ensemble au restaurant.*
2. *Nous y avons déjeuné tous ensemble.*
3. *Ils sont partis ensemble, et moi, je reste seul.*

Test 72
entrer dans,
sortir de

1. *Des visiteurs entrent dans le musée.* 2. *D'autres visiteurs sortent du musée.*
3. *Vers quatre heures, les élèves sortent de l'école.*
4. *Un grand bateau entre dans le port.*

Test 73
espérer, etc.

1. *Présent: j'espère, nous espérons, ils espèrent* 2. *Futur: j'espérerai, nous espérerons, ils espéreront* 3. *Conditionnel: il espérerait*
4. *Il espère encore.* 5. *Il faut l'espérer.* 6. *Nous espérons vous voir à la fête.*
7. *Elle espère en l'avenir.*

Test 74
et / est

1. *parler lentement et distinctement* 2. *M. Dubois est Français.* 3. *lui et les autres* 4. *M. Dubois vient avec sa fille et son fils.* 5. *les frères et les sœurs*

Test 75
étrange /
étranger

1. *Cette nuit, j'ai entendu un bruit étrange.* 2. *A la frontière attendent les camions étrangers.* 3. *apprendre une langue étrangère* 4. *Tout le monde m'a regardé d'un air étrange.*

Test 76
exemple

1. *Voici un exemple.* 2. *Donner un bon exemple.* 3. *par exemple*
4. *Vous voulez encore un autre exemple?*

Test 77
foi / foie / fois

1. *aller une ou deux fois par mois au restaurant* 2. *la dernière fois*
3. *Il ne faut pas parler tous à la fois.* 4. *manger du foie gras*
5. *Il n'y a que la foi qui sauve.* 6. *être sans foi ni loi (= n'avoir aucune morale)*

Fragesätze

Test 78
… Bindestrich bei Inversionsfragen

1. A qui as-tu téléphoné? 2. A qui voulez-vous parler? 3. Qu'as-tu dit? 4. Que faut-il en penser? 5. Avez-vous compris? 6. A qui faut-il s'adresser? 7. Qu'y a-t-il? 8. Où va-t-elle?

Test 79
… indirekte Frage

1. Tu connais la raison pour laquelle Sandrine est absente? Tu sais la raison qui explique l'absence de Sandrine? 2. La raison de la démission du ministre est … La raison qui explique la démission du ministre est … La raison pour laquelle le ministre a démissionné …

Test 80
… was (?)

1. Que fais-tu? / Qu'est-ce que tu fais? 2. Je veux savoir ce que tu fais. 3. Je me suis demandé ce que tu faisais tous les jours. 4. Qu'as-tu vu? / Qu'est-ce que tu as vu? 5. Dis-moi ce que tu as vu. 6. Je ne sais pas ce que tu as vu.

Futur

Test 81
… Bildung

1. Nous irons au restaurant. 2. Je choisirai un bon restaurant. 3. J'inviterai Eric et Sylvie. 4. Nous parlerons de leur voyage en Amérique.

Test zur Tabelle
… unregelmäßige Formen

1. aller: elle ira 2. faire: nous ferons 3. courir: je courrai 4. pouvoir: ils pourront 5. venir: tu viendras 6. être: nous serons 7. savoir: elle saura 8. voir: il verra 9. mourir: elle mourra 10. tenir: elle tiendra 11. avoir: il aura 12. vouloir: vous voudrez

Test 82
futur / avenir

1. Ce jeune homme aura un bel avenir. 2. L'électronique est une carrière d'avenir. 3. espérer en un avenir meilleur 4. le futur simple (par exemple: je viendrai) 5. la vie future (après la mort)

Test 83
-ge-

1. manger une orange 2. boire une orangeade 3. Le temps a été changeant. 4. nager comme un poisson 5. traverser la rivière en nageant 6. Les premiers résultats étaient encourageants.

Test 84
-ge- in Verbformen

1. Présent: je mange, nous mangeons, ils mangent 2. Imparfait: je mangeais, nous mangions, ils mangeaient 3. Qu'est-ce que nous mangeons aujourd'hui? 4. Allons manger au restaurant.

Großschreibung

Test 85
… Adjektive

1. la mer Rouge 2. l'océan Indien 3. la Forêt Noire 4. les départements français 5. le territoire national

Test 86
… abgeleitete Nomen

1. la langue française 2. la langue parlée par les Français 3. le territoire français 4. la République française 5. écrire une lettre en français à une belle Française

Test 87
-gu-

1. Je suis fatigué après cette longue route. 2. Après la visite, on donne un pourboire au guide. 3. Apprendre la langue française.

Test 88
haïr

1. Présent: je hais, nous haïssons, ils haïssent 2. Imparfait: il haïssait. Passé composé: il a haï 3. haïr ses ennemis 4. Nous haïssons la guerre. 5. Ces deux hommes se haïssent.

Imperativ

Test 89
... 2. Pers. Sg.

1. Viens ici. 2. Ecoute bien. 3. Ne fais pas de bêtises. 4. Attends. 5. Reste là. 6. Ne bouge pas.

Test zur Tabelle
... unregelmäßige Formen

1. Sois sage.
2. Aie de la patience.
3. Va vite dans ta chambre.
4. Sachez-le.

Test 90
s'intéresser à

1. Sandrine s'intéresse à tout: 2. à la politique, à la peinture. 3. Elle s'intéresse aussi à la littérature. 4. Je m'intéresse beaucoup à ce que tu fais.

Test 91
jouer à / de

1. jouer au tennis 2. jouer au football 3. jouer du Beethoven et du Chopin 4. jouer un rôle dans cette pièce de théâtre

Test 92
jusqu'à / jusqu'à ce que

1. Jusqu'à ce soir ... 2. Jusqu'à ce que nous soyons prêts ... 3. Jusqu'à la fin du spectacle ... 4. Jusqu'à ce que le spectacle finisse ... 5. Jusqu'à ce qu'elle ait reçu cette lettre ... 6. Attendez ici jusqu'à ce que je revienne.

Test 93
la / là

1. J'ai passé mes vacances là où tu as été l'année dernière. 2. Il faut aller là-bas. 3. Ce n'est pas loin de là. 4. Tu vois la maison blanche? 5. Je la vois très bien. 6. Madame n'est pas là.

Test 94
laisser / faire

1. Pour les vacances, je fais venir mes amis. 2. Elle fait pousser des fleurs dans son jardin. 3. Cela me laisse tout à fait indifférent. 4. C'est un remède qui fait dormir.

Test 95
littérature

1. aimer la littérature 2. étudier la littérature française 3. Voici une «Histoire de la littérature». 4. C'est un texte littéraire.

Test 96
-l- oder -ll- in Verbformen

1. Présent: j'appelle, nous appelons, ils appellent 2. Futur: j'appellerai, nous appellerons, ils appelleront 3. Conditionnel: il appellerait 4. Il faut appeler la police. 5. Ce monsieur s'appelle Duval. 6. M. Dubois appelle son chien.

Test 97
marier

1. se marier à l'église 2. André se marie avec Colette. 3. Jean se mariera avec Brigitte. 4. M. Legrand s'est marié avec une institutrice.

Test 98
Maßangaben

1. 200 grammes 2. 20 kilos 3. 500 euros 4. 1000 mètres 5. il est deux heures 6. trois heures plus tard

Test 99
mentir à qn

1. Sylvie ment à sa mère. 2. Elle lui a menti. 3. Il ne faut pas mentir à ses parents.

Test 100
le mort /
la mort

1. trouver la mort dans un accident 2. Il y a un mort et deux blessés. 3. Une femme a échappé à la mort. 4. Elle est très triste depuis la mort de son mari. 5. hériter de l'argent à la mort de son oncle

Test 101
s'occuper de

1. De quoi t'occupes-tu? 2. Je m'occupe de mon jardin, de la musique, etc. 3. Mon père est médecin, il s'occupe de ses malades. 4. Ma mère est à la maison; elle s'occupe du ménage.

Test 102
ou / où

1. Est-elle là ou pas? 2. Où est-elle? 3. Je me demande où elle est allée. 4. Dans cette direction ou dans l'autre? 5. Je ne sais pas où elle habite.

Test 103
la partie /
le parti

1. être membre d'un parti politique 2. le congrès d'un parti 3. pendant la première partie du congrès … 4. Une partie des délégués a voté contre. 5. les partis de gauche

Partizip Perfekt

Test 104
… bei *avoir*

1. J'ai bien reçu la lettre que vous m'avez envoyée. 2. Les photos que vous avez ajoutées sont très belles. 3. Tu les as vues? 4. Je les ai montrées à ma mère. 5. Quelle drôle d'idée il a eue!

Test 105
… bei *être*

1. La villa a été louée pour deux semaines 2. Mes amis sont venus hier soir. 3. Sandrine et Isabelle sont allées à la plage. 4. Sais-tu quand Sandrine est née?

Test 106
… bei reflexi-
ven Verben

1. Raconte comment les choses se sont passées. 2. Nous nous sommes promenés. 3. Sandrine s'est ennuyée. 4. Elle s'est trompée. 5. Elle s'est peigné les beaux cheveux. 6. Voici la moto que Pierre s'est achetée. 7. Elle s'est informée par minitel de l'heure du départ.

Test 107
… *dû, due*

1. Je me suis égaré, j'ai dû prendre l'autre route. 2. Sa réussite est due à son travail. 3. Alain aurait dû m'indiquer la bonne route.

Test 108
… auf [i]

1. conduire: elle a conduit 2. suivre: il a suivi 3. écrire: j'ai écrit 4. dire: tu as dit 5. rire: elle a ri 6. prendre: j'ai pris 7. mettre: tu as mis

Test 109
Partizip
Präsens

1. retourner: retournant 2. dormir: dormant 3. pouvoir: pouvant 4. recevoir: recevant 5. prendre: prenant 6. avoir: ayant 7. être: étant 8. apprendre: apprenant 9. savoir: sachant

Test 110
payer, etc.

1. Présent: je paie / je paye, nous payons, ils paient / ils payent 2. Après le repas avec son ami, M. Dubois dit: c'est moi qui paie / paye. 3. M. Dubois paie / paye par chèque. 4. Une autre fois, c'est son ami qui paie / paye.

Test 111
pendant /
pendant que

1. Pendant les vacances … 2. Pendant que nous étions en vacances … 3. Il a été malade pendant trois jours. 4. Pendant qu' il était malade, le docteur est venu deux fois.

Test 112
3. Pers. Präs. /
Nomen

1. Il emploie souvent ce mot. 2. entendre un cri 3. Je désire une voiture confortable. 4. Le désir d'avoir une nouvelle voiture. 5. J'essaie des voitures. 6. se mettre au travail

Personalpronomen

Test 113
… ind. Objekt-
pronomen

1. Je m'adresse à lui. 2. Je lui pose la question. 3. Cette voiture est à lui. 4. Je pense à eux.

Test 114
… moi, toi,
lui, eux

1. Lui aussi, il a vu ce film. 2. Lui seul n'était pas content. 3. Il me l'a dit. 4. Lui et Alain, ils travaillent ensemble. 5. Lui, après avoir attendu 10 minutes, est parti.

Test 115
… Objekt-
pronomen
beim Infinitiv

1. Je t'aide. 2. Je veux t'aider. 3. Je t'ai aidé. 4. Je vais t'aider. 5. Je t'aiderai.

Test 116
… Objekt-
pronomen lui

1. Je discute avec elle. 2. Je lui demande. 3. Je lui réponds. 4. Je lui pose des questions. 5. Nous parlons d'elle. 6. Nous parlons de lui.

Test 117
… „sie"

1. Je la connais, c'est Sandrine. 2. Je ne sais pas si elle me connaît. 3. Je l'ai vue (!) à Paris. 4. Je connais aussi ses frères, ils habitent Paris. 5. Je lui ai adressé la lettre. 6. Quand me répondra-t-elle?

Test 118
… Verb im
Relativsatz

1. C'est vous qui êtes le patron? 2. C'est toi qui t'appelles Alain?

Test 119
... vous (Höf-lichkeitsform)

1. Vous vous êtes bien amusée, mademoiselle?
2. Vous vous êtes bien amusés, messieurs-dames?
3. Vous êtes satisfaite, madame?

Test 120
... vous (Sub-jekt / Objekt)

1. Voilà Sandrine que vous attendez. 2. Voilà Claudine qui vous attend.
3. J'espère que je vous rencontre demain à cette fête. 4. Ces photos vous donnent une idée de la beauté du château.

Test 121
personne / personnage

1. Plusieurs personnes ont été blessées dans cet accident. 2. les enfants et les grandes personnes 3. C'est une comédie à trois personnages. 4. Voici la liste des acteurs qui jouent les personnages. 5. un lit pour deux personnes

Test 122
peu / peut

1. Je suis pressé, j'ai très peu de temps. 2. Mon frère travaille peu à la maison.
3. Mon oncle viendra peut-être demain. 4. On ne peut pas déchiffrer sa lettre.
5. Il se peut que je me sois trompé. 6. C'est peut-être faux.

Test 123
pleuvoir / pleurer

1. Il pleut. 2. Elle pleure. 3. l'enfant qui a pleuré 4. Il a plu.

Plural der Nomen

Test 124
... Nomen auf -al, -ail

1. le travail: les travaux 2. le signal: les signaux
3. un château: les châteaux de la Loire 4. un hôpital: les hôpitaux de Paris
5. un animal: les animaux du zoo

Test 125
... Nomen auf -s, -x, -z

1. manger du riz cuit à l'eau 2. la croix rouge
3. suivre trois cours de littérature française
4. Ce sont mes fils. 5. Je suis né avec un bon nez.

Test zur Tabelle
... unregel-mäßige Formen

1. Brigitte a les yeux bleus
2. acheter une douzaine d'œufs
3. jeter deux os au chien
4. manger du filet de bœuf

Possessivpronomen

Test 126
... leur / leurs

1. M. et Mme Dubois ont écrit que leur fils Eric était malade. 2. Leurs filles vont très bien. 3. Ils cherchent une personne sérieuse pour s'occuper de leurs enfants. 4. Je n'aime pas les chiens avec leurs grandes oreilles.

Test 127
... mon, ton, son

1. C'est mon idée, ma proposition. 2. C'est mon affaire. 3. Vous avez mon adresse et mon numéro de téléphone? 4. Je lui ai témoigné mon amitié.
5. Il connaît ma profession.

Test 128
... sa, son, ses

1. sa voiture: sein Auto / ihr Auto *2. son chapeau:* sein Hut / ihr Hut
3. ses lunettes: seine Brille / ihre Brille

Test 129
pouvoir /
savoir

1. *Elle ne sait pas nager, la petite, elle est encore trop jeune.*
2. *Aujourd'hui on ne peut pas nager, parce que la mer est trop agitée.*
3. *Sandrine a été dans une auto-école, maintenant elle sait conduire.*

Präsens

Test 130
... Accent
circonflexe in
Verbformen

1. *connaître: elle connaît* 2. *faire: elle fait*
3. *se taire: elle se tait* 4. *savoir: elle sait*
5. *plaire: elle plaît* 6. *haïr: elle hait*

Test 131
... apercevoir,
recevoir

1. *Elle voit son ami dans le métro.*
2. *Elle aperçoit son ami dans le métro.*
3. *Il ne voit pas Sylvie.* 4. *Il n'aperçoit pas Sylvie.*

Test 132
... Infinitiv ≠
3. Pers. Pl.

1. *dire, ils disent* 2. *aller, ils vont*
3. *voir, ils voient* 4. *savoir, ils savent*

Test 133
... 2. Pers. Sg.

1. *tu finis: il finit* 2. *tu aimes: il aime*
3. *tu offres: il offre* 4. *tu viens: il vient*

Test 134
... 3. Pers. Pl.

1. *il cherche: ils cherchent* 2. *elle aime: elles aiment* 3. *il mange: ils mangent*
4. *elle appelle: elles appellent* 5. *il achète: ils achètent* 6. *elle ouvre: elles ouvrent*

Test 135
... prendre –
ils prennent

1. *je prends* 2. *nous prenons*
3. *ils prennent* 4. *en prenant*

Test 136
... Verbformen
auf -t , -d

1. *atteindre: il atteint* 2. *attendre: il attend* 3. *craindre: il craint*
4. *peindre: il peint* 5. *prendre: il prend* 6. *se plaindre: il se plaint*
7. *résoudre: il résout*

Test 137
... Verbformen
auf -tes

1. *Que dites-vous?* 2. *Où êtes-vous?* 3. *Que faites-vous?*
4. *Dites-moi franchement votre avis.* 5. *Etes-vous d'accord?*

Test 138
... Verbformen
auf -x

1. *Je fais tout ce que je peux.* 2. *Maintenant je n'en peux plus.*
3. *Tu peux m'aider?* 4. *Je veux le savoir.* 5. *Veux-tu te taire.*

Test 139
près / prêt

1. Soyez prêts à cinq heures. 2. se tenir prêt 3. M. Dubois habite tout près de son bureau. 4. Le déjeuner est prêt; venez à table.

Test 140
quand / quant

1. Quant à sa proposition, il faut l'examiner. 2. Quant à moi, je suis d'accord. 3. Je le lui dirai quand il me téléphonera.

Test 141
quand / si

1. Quand tu auras lu ce roman, tu me le rendras.
2. Si ce roman te plaît, je t'en prêterai d'autres du même auteur.
3. Si nous étions partis plus tôt, nous n'aurions pas manqué le bus.

Test 142
que

1. Le garçon, que tu vois dans la rue, est mon fils. 2. Je crois qu'il est doué. 3. Je suis sûr qu'il réussira. 4. J'espère qu'il aura une bonne place.

Test 143
quelque
in Wort-
verbindungen

1. Je serai à Paris pour quelque temps. 2. J'y verrai quelquefois Madame Duval. 3. J'irai à la fête avec quelques-uns de mes amis.
4. Tu attends encore quelqu'un?
5. Elle m'a raconté quelque chose de très intéressant.

Test 144
quelque(s)

1. dire quelques mots 2. attendre quelques jours 3. quelques touristes 4. quelque chose 5. quelque temps 6. inviter quelques amis

Test 145
quelque chose
etc. + Adjektiv

1. rien de plus beau
2. Personne de blessé?
3. C'est quelque chose d'extraordinaire.

Test 146
question

1. Quelqu'un a posé une question? 2. Il faut poser cette question à Sandrine. 3. Son ami se pose la question de savoir ce qu'il fera sans travail.

Test 147
se rappeler
qc/qn /
se souvenir
de qc/qn

1. Alain: Je me rappelle très bien notre premier rendez-vous.
2. La petite Yvonne? Je me souviens d'elle.
3. Je ne me rappelle plus ton numéro de téléphone.
4. Vous souvenez-vous de vos promesses, monsieur?

Test 148
recevoir, etc.

1. Présent: je reçois, nous recevons, ils reçoivent 2. Passé composé: il a reçu 3. J'ai reçu la lettre. 4. Alain reçoit des cadeaux pour sa fête. 5. Nous avons reçu de bonnes nouvelles. 6. Isabelle reçoit beaucoup de compliments.

Test 149
Reflexivpro-
nomen *lui / soi*

1. On doit aimer son prochain comme soi-même.
2. Il faut toujours rester maître de soi. 3. Alain est maître de lui.
4. M. Dubois nous a reçu chez lui. 5. Chacun pour soi, et Dieu pour tous.

Relativpronomen

Test 150
... ce qui /
ce qu'il

1. Sandrine pense à Alain: Je me demande ce qu'il fait à cette heure.
2. J'ignore ce qu'il a écrit dans sa lettre adressée à ses parents.
3. Je ne comprends pas ce qui l'empêche de téléphoner.
4. Cœur qui soupire n'a pas ce qu'il désire.

Test 151
... lequel

1. C'est une Mercédès pour laquelle M. Dubois a payé beaucoup d'argent.
2. Qui est la personne à qui vous venez de parler?
3. Y a-t-il des idéaux pour lesquels vous seriez prêt à risquer votre vie?

Test 152
... qui / que

1. La voiture a) que j'ai achetée ... b) qui est très confortable ... c) qui m'a coûté cher ... d) que je montre à mes amis ...
2. C'est M. Dubois a) que je connais depuis longtemps ... b) qui est directeur chez Renault ... c) qui a deux enfants ... d) que j'attends ...

Test 153
... qui / qu'il

Voici un argument 1. qui est bon. 2. qu'il doit accepter, son père. 3. qu'il trouve convaincant. 4. qui prouve qu'Eric a raison.

Test 154
... qui

1. les visiteurs qui sont dans ce musée ... 2. les objets d'art qui sont dans ce musée ... 3. les gardiens qui sont dans ce musée ... 4. les tableaux qui sont dans ce musée ...

Test 155
responsable de

1. Les parents sont responsables de leurs enfants.
2. Le directeur est responsable de la gestion de l'entreprise.
3. Vous êtes responsable des dégâts.

Test 156
seul /
seulement

1. Toi seul es mon ami. 2. Vous seuls êtes capables de nous aider. 3. J'ai été à Paris, mais seulement trois jours. 4. Un seul motif me pousse à agir. 5. Mes parents arrivent seulement dans deux jours.

Test 157
si

1. Cela ne t'intéresse pas? Si! – Doch! 2. C'est si triste. – so 3. Excusez-moi si je vous dérange. – wenn 4. Si j'étais en vacances, j'irais à la plage. – Wenn 5. On se demande si c'est vraiment nécessaire. – ob

Test 158
si-Satz

1. Si j'étais vous, j'agirais autrement.
2. Si Dieu n'existait pas, il faudrait l'inventer.

Test 159
si / tant

1. Ne mange pas tant. 2. Le temps est mauvais, il a tant plu. 3. Mon petit chat est si joli ... Alain est si intelligent ...

Test 160
Stammer-weiterung der Verben auf -ir

1. *Présent: je choisis, nous choisissons, ils choisissent*
2. *Imparfait: je choisissais, tu choisissais, ils choisissaient*
3. *Finissons cette tasse de café avant de partir.*
4. *Choisissez l'un ou l'autre.*
5. *Ce n'est ni le moment ni l'endroit de discuter: agissez!*

Subjonctif

Test 161
… je ne crois / pense pas que

1. *– Oui, peut-être. Mon père croit que c'est trop dangereux. Mais moi, je ne crois pas que ce soit trop dangereux.*
2. *– Oui, ma sœur pense que c'est trop difficile. Mais moi, je ne pense pas que ce soit trop difficile.*

Test 162
… nach Konjunktionen

1. *Il faut attendre jusqu' à ce que mon ami revienne.* 2. *J'ai attendu longtemps sans que mon ami soit revenu.* 3. *Il aurait dû téléphoner pour que nous sachions quand il reviendra.* 4. *Nous ferons une excursion pourvu qu'il fasse beau demain.* 5. *Maintenant je vais me promener quoiqu'il pleuve un peu / avant qu'il (ne) pleuve / à condition qu'il ne pleuve pas trop / parce qu'il ne pleut pas.* (Nach *parce que* steht kein Subjonctif!)

Test 163
… Relativsatz

1. *C'est le meilleur film que j'aie vu depuis longtemps.* 2. *Sandrine est la plus belle fille que je connaisse* 3. *C'est la plus grande déception que j'aie eue.*

Test 164
… ≠ espérer que

1. *J'espère que tout se passera bien.* 2. *Il espère que nous serons là à l'heure.*
3. *J'espère que vous serez content, monsieur.*
4. *Je ne suis pas sûr que vous soyez content.*

Test 165
… ≠ indirekte Rede

1. *Elle dit que son ami a téléphoné.*
2. *Elle ajoute que son ami viendra ce soir.*

Test zur Tabelle
… unregelmäßige Formen

1. *aller: qu'il aille, que vous alliez* 2. *être: qu'il soit, que vous soyez*
3. *savoir: qu'il sache, que vous sachiez* 4. *faire: qu'il fasse, que vous fassiez*
5. *vouloir: qu'il veuille, que vous vouliez*
6. *pouvoir: qu'il puisse, que vous puissiez*
7. *Le chat veut que je lui apporte son lait.*

Test 166
succès

1. *avoir du succès* 2. *sans succès*
3. *avec succès* 4. *remporter des succès*

Test 167
suivre qn

1. *Il marchait le premier, ses camarades le suivaient.*
2. *Le chasseur suit le cerf à la trace.* 3. *Le policier suit le voleur.*

Test 168
sur / sûr

1. *J'en suis absolument sûr.* 2. *Je l'affirme sur mon honneur.* 3. *remettre les objets de valeur en mains sûres* 4. *Etes-vous sûr d'arriver à temps?*

Test 169
Tageszeiten,
Wochentage

1. le matin 2. ce matin 3. Cet après-midi et ce soir il a plu.
4. Sandrine sort avec Eric le dimanche. 5. M. Dubois est venu dimanche.

Teilungsartikel

Test 170
... de nach
Mengen-
angaben

1. Sandrine a des amis / beaucoup d'amis. 2. Il s'est produit des accidents / tant d'accidents. 3. Il est tombé de la neige / un peu de neige. 4. Il fait des fautes / trop de fautes. 5. Nous avons encore du temps / assez de temps. 6. Il faut acheter du beurre / 500 grammes de beurre.

Test 171
... ∅ nach bien,
la plupart

1. beaucoup de Français 2. la plupart des Français
3. la plupart du personnel est en grève 4. lire beaucoup de romans
5. avoir bien des romans de Simenon 6. posséder bien des livres

Test 172
... de nach
Verneinung

1. J'ai de l'argent. Il n'a pas d'argent. 2. Je fais des fautes. Il ne fait pas de fautes. 3. Il n'y a pas de fumée sans feu. 4. L'argent n'a pas d'odeur.

Test 173
... ∅ verneintes
«être»

1. – Qu'est-ce que c'est? Du cidre?
2. – Non, ce n'est pas du cidre, c'est du jus de pommes.
3. – A mon avis, ce n'est pas du jus de pommes, c'est du vin mousseux.

Test 174
... Redewen-
dungen
ohne Artikel

1. J'ai envie de rester sur la terrasse. 2. J'ai faim. Tu as des pommes?
3. J'ai soif. Tu as de l'eau minérale?
4. J'ai confiance en mes amis.
5. Il me faut beaucoup de confiance, dans cette situation difficile.

Test 175
... ∅ nach sans

1. C'est une maison sans confort. 2. sans exception
3. Ce biscuit est fait avec du beurre. 4. Faire tout le voyage sans accident

Test 176
téléphoner à qn

1. Il faut téléphoner à Sandrine, au directeur.
2. N'oublie pas de téléphoner à M. Dubois.

Test 177
texte

1. lire le texte 2. expliquer le texte 3. un texte tapé à la machine
4. Il faut corriger le texte.

Test 178
le tour / la tour

1. La tour Eiffel a 100 ans. 2. faire le tour du monde 3. la tour de Babel
4. la tour de la cathédrale 5. faire le tour du jardin pour admirer les fleurs

Test 179
tout ce / tous

1. Tout ce qu'il a dit est faux. 2. Tous ont compris. 3. Je les ai invités tous.
4. C'est tout ce que j'ai pu faire.

Test 180
tout de suite,
tout à l'heure

1. Alain était là tout à l'heure. 2. Il la revenir tout de suite.
3. Tu as vu l'accident tout à l'heure?
4. La police est arrivée tout de suite.

Test 181
tout le monde

1. Tout le monde est là? 2. Tout le monde est d'accord?
3. Tout le monde aime ce film. 4. Tous ont compris?

Test 182
tout +
Relativsatz

1. Mme Collin a un kiosque près de la plage, où elle vend tout ce dont les touristes ont besoin. 2. Elle parle à tous ceux qui sont venus chez elle.
3. Elle sait tout ce qui se passe à la plage. 4. Elle remarque tout ce qui se passe autour d'elle.

Test 183
Trema

1. les vacances de Noël 2. dire tout naïvement ce qu'on pense 3. Julien est un grand égoïste.

Test 184
-t- oder *-tt-*
in Verbformen

1. Présent: je jette, nous jetons, ils jettent 2. Futur: je jetterai, nous jetterons, ils jetteront 3. Conditionnel: il jetterait 4. Elle jette les fleurs fanées. 5. Tu jettes la lettre dans la corbeille à papier. 6. Il ne faut pas jeter l'argent par les fenêtres.

Test 185
venir (de)
faire qc

1. Je viens de recevoir une lettre.
2. Quand vous êtes à Paris, ne manquez pas de venir me voir.
3. Mais quand je suis arrivé, il venait de partir.

Test 186
ver / verre /
vers / vert

1. prendre un verre de vin 2. Cette pomme verte est pleine de vers.
3. aimer la littérature: les vers et la prose
4. descendre vers le lac pour se mettre au soleil

Test 187
Vergleich mit
que / comme

1. Cette maison est grande comme un palais. 2. Cette maison est plus grande qu'un palais. 3. Le stationnement à Paris est plus difficile que dans les autres villes de France. 4. Tout s'est passé comme je l'avais prédit.

Verneinung

Test 188
... „auch nicht"

1. Je ne l'ai pas entendue non plus.
2. Moi non plus.

Test 189
... ne pas
+ **Infinitiv**

1. Sandrine a promis à sa mère de ne pas rentrer trop tard.
2. Je n'ai rien dit pour ne pas vous inquiéter.

Test 190
... non pas

1. Alain a la grippe et non pas une pneumonie.
2. C'est mon argent et non pas le vôtre. 3. C'est un conseil et non pas un ordre.
4. Ma tante a écrit une lettre et non pas une carte.

Test 191
... personne (ne)

1. *Je ne l'ai dit à personne. 2. Je ne connais personne.*
3. *Personne n'est blessé.*

Test 192
... von
quelqu'un

1. *Non, je n'attends personne. 2. Non, je n'entends personne.*
3. *Non, il n'y a personne.*

Test 193
... rien (ne)

1. *Je ne vois rien. 2. Je n'ai rien trouvé. 3. Rien ne lui plaît.*
4. *Qui ne risque rien, n'a rien.*

Test 194
... von
quelque chose

1. *Non, je n'attends rien. 2. Non, rien ne m'inquiète.*
3. *Non, on ne peut rien faire.*
4. *Non, il ne s'est rien passé d'extraordinaire.*

Test 195
visiter / aller
voir, venir voir

1. *Les touristes visitent les châteaux de la Loire.*
2. *Je vais voir mon cousin à Strasbourg.*
3. *Est-ce que tu as visité la cathédrale?*
4. *Sandrine va voir les parents de son ami.*

Test 196
voir

1. *Il faut absolument voir ce beau film. 2. Elle est fière de se voir admirée de tout le monde. 3. Il ne faut pas croire tout ce qu'on entend.*

Test 197
voir / regarder

1. *Je ne vois rien dans cette obscurité. 2. Elle regarde sa montre pour savoir quelle heure il est. 3. Le chien regarde son maître pour savoir ce qu'il faut faire. 4. Mme Dubois a mis sa nouvelle robe, elle se regarde dans le miroir.*

Zahlen

Test 198
... quatre

1. *Inviter quatre personnes. 2. Il mange comme quatre. 3. Elle lui a dit ses quatre vérités.*

Test 199
... mit/ohne -s

1. *quatre-vingts* 2. *quatre-vingt-dix-neuf* 3. *cent ans* 4. *deux cents*
5. *le monde en l'an deux mille* 6. *toucher deux millions à la loterie nationale*
7. *faire plus de cinq cents kilomètres dans la journée*

Test 200
... siècle

1. *La littérature classique du XVIIe siècle. 2. Victor Hugo a vécu au XIXe siècle. 3. la seconde moitié du XXe siècle.*

Erklärung der grammatischen Begriffe

Sie werden in diesem Buch und auch sonst überall verwendet:

Adjektiv *(l'adjectif)*

Eigenschaftswort

Zum Beispiel: *grand, petit, bon, mauvais, beau …*

Adverb *(l'adverbe)*

Umstandswort

Folgende Wortarten werden durch Adverbien näher bestimmt:

1. Verb: *aller lentement,*
2. Adjektiv: *très beau,*
3. Adverb: *plus souvent.*

Viele Adverbien haben die Endung *-ment* .

Akzent *(l'accent)*

Im Französischen gibt es drei Akzente:

1. L'accent aigu: *écouter, école*
2. L'accent grave: *très, père, où*
3. L'accent circonflexe: *être, tête, même, île*

Apostroph *(l'apostrophe)*

Das „Häkchen" anstelle eines ausgelassenen *e* oder *a*.

Apostrophiert werden immer *le, la, de, me, te, se, ne, que* vor Wörtern, die mit Vokal oder stummem *h* beginnen: *l'arbre, l'eau, je t'aime, on m'a vu, il s'habille …*

Artikel

➡ Bestimmter Artikel
➡ Teilungsartikel
➡ Unbestimmter Artikel

Bestimmter Artikel *(l'article défini)*

Geschlechtswort

Die bestimmten Artikel sind im Französischen:

Formen: *le, la, l', les* (= der, die …)
Beispiele: *le monsieur, la dame, l'homme, les hommes*

Cédille

Der kleine „Haken" unter dem *ç* .

Die Cédille zeigt an, dass das „*c*" vor *a, o, u* wie [s] gesprochen wird: *ça, français, garçon, leçon, reçu*

Demonstrativpronomen

Hinweisendes Fürwort

Im Französischen unterscheidet man:

1. *le pronom démonstratif:* celui, celle, ceux, celles (= dieser, diese …)
2. *l'adjectif démonstratif:* ce, cet, cette, ces (= dieser, diese …)
   Das *Adjectif démonstratif* steht immer vor einem Nomen: *ce monsieur, cette dame*

Erklärung der grammatischen Begriffe

Direktes Objekt   →   Objekt

Femininum *(le féminin)*   Das **weibliche Geschlecht** vieler Wörter.

Zum Beispiel: *la dame, la mère, la maison, la table, la voiture, elle, la, cette …*

Finite Verbform   →   Konjugierte Verbform

Futur *(le futur)*   **Zukunft**

Zum Beispiel: *je commencerai, tu commenceras, il commencera …, je finirai, tu finiras, il finira …*

Gérondif   Das Gérondif wird gebildet mit *en* und dem Partizip Präsens.

Beispiele: *en commençant, en finissant, en attendant …*

Das Gérondif wird meist gebraucht anstelle eines Nebensatzes, der die Gleichzeitigkeit ausdrückt.

Beispiel: *Elle se promène en chantant. (= Elle se promène pendant qu'elle chante.)*

(Ein Gérondif gibt es im Deutschen nicht; es hat auch nichts mit dem englischen „Gerund" zu tun.)

Geschlecht   →   Maskulinum
            →   Femininum

Hilfsverb
(le verbe auxiliaire)   Die **Hilfsverben** sind im Französischen *avoir* und *être*.

Sie dienen zur Bildung der zusammengesetzten Zeiten:
je suis venu, nous avons commencé, il a fini, ils sont sortis …, j'étais venu, nous avions commencé, il avait fini, ils étaient sortis …, je serais venu, nous aurions commencé …

Imperativ *(l'impératif)*   **Befehlsform**

Zum Beispiel: *Commence, commençons, commencez*
(= Fang an! Fangen wir an! Fangt an!)

Finis, finissons, finissez
(= Hör auf! Hören wir auf! Hört auf!)

Imperfekt *(l'imparfait)*   Zeit der Vergangenheit, die lang andauernde Zustände oder sich wiederholende Handlungen ausdrückt.

Zum Beispiel: *je commençais, tu commençais, il commençait …, je finissais, tu finissais, il finissait …*

Indirektes Objekt	➤ Objekt
Indikativ	➤ Konjunktiv/Subjonctif

Infinitiv *(l'infinitif)*

Die **Grundform** des Verbs, unter dem man es zum Beispiel im Wörterbuch findet.

Zum Beispiel: *commencer, finir, attendre …*

Inversion
(l'inversion du sujet)

„**Inversion**" ist die Bezeichnung für die Umstellung von Subjekt und Prädikat; d.h., zuerst steht das Prädikat, dann folgt das Subjekt.

Zum Beispiel: *Où suis-je?*
– Bonjour, dit-il.
A peine a-t-elle dit un mot …

Konditional
(le conditionnel)

Das **Konditional** wird mit dem gleichen Stamm gebildet wie das Futur, jedoch mit den Endungen des Imparfait:

Zum Beispiel: *je commencerais, tu commencerais, il commencerait …*
je finirais, tu finirais, il finirait …

Es wird gebraucht:

1. um die Zukunft – von der Vergangenheit gesehen – auszudrücken:
   Mon oncle m'a écrit qu'il viendrait demain.

2. um eine Annahme, eine Möglichkeit, einen Wunsch, einen Vorschlag usw. auszudrücken:
   J'aimerais aller au cinéma.

Konjugierte Verbform

Man sagt auch „**finite Verbform**" oder „**Personalform**".
Alle Verbformen, die einer der 3 Personen zugeordnet werden können.

(Im Gegensatz zu den „infiniten Verbformen": Infinitiv, Partizipien, *Gérondif.*)

Konjunktion
(la conjonction)

Bindewort

Es gibt zwei Sorten:

1. **Nebenordnende Konjunktionen,** die gleichartige Satzteile oder Sätze miteinander verbinden: *et, ou, mais, car, donc, …*

2. **Unterordnende Konjunktionen,** die Nebensätze (Gliedsätze) einleiten.

Zum Beispiel: *que* (= dass), *quand, pendant que, depuis que, avant que, après que, jusqu'à ce que, parce que, pour que, de sorte que, quoique, si* (= wenn)

Konjunktiv	→ Subjonctif

Maskulinum *(le masculin)* — Das **männliche Geschlecht** vieler Wörter.

Beispiele: *le monsieur, le père, le lion, le livre, le train, il, ce …*

Nomen *(le nom)* — **Hauptwort** (Statt „Nomen" sagt man auch „Substantiv".)

Beispiele: *le jour, l'heure, le temps, le moment*

Objekt
(le complément d'objet)

Satzergänzung

Im Deutschen unterscheidet man vor allem
„Dativobjekt" (Frage: Wem …?) und
„Akkusativobjekt" (Frage: Wen oder was …?).
Ich helfe meinem Bruder (Wem …?).
Ich rufe meine Schwester (Wen …?).

Im Französischen unterscheidet man

1. **Direktes Objekt** *(le complément d'objet direct):*

   Je commence les travaux.
   Mon frère a cassé le vase.

Zwischen dem Verb und dem *Complément d'objet direct*
steht keine Präposition; sie treffen direkt aufeinander.

2. **Indirektes Objekt** *(le complément d'objet indirect):*

   Je téléphone à mon père.
   Il répond à la question.

Zwischen dem Verb und dem *Complément d'objet indirect*
steht die Präposition *à.*

Objektpronomen — → Personalpronomen

Partizip Perfekt
(le participe passé)

Mittelwort der Vergangenheit, Partizip II

Im Deutschen hat das Partizip Perfekt meist die Vorsilbe **ge-** :
gehört, geantwortet, geendet …

Im Französischen sind die regelmäßigen Endungen
der Verben auf **-er** → **-é**,
der Verben auf **-re** → **-u**,
der Verben auf **-ir** → **-i**.

Beispiele: *écouté, répondu, fini …*

Partizip Präsens
(le participe présent)

Mittelwort der Gegenwart, Partizip I

Im Deutschen: *anfangend, endend, wartend …*
Das Partizip Präsens hat im Französischen die Endung **-ant**:
commençant, finissant, attendant …

Passé simple	**Historische Vergangenheit**

Das Passé simple kommt nur in der Literatur vor und drückt kurze, aufeinanderfolgende Handlungen aus.

Zum Beispiel: *je commençai, tu commenças, il commença …, je pris, tu pris, il prit …*

Perfekt *(passé composé)*

Vollendete Gegenwart

Das Perfekt wird gebildet aus dem Hilfsverb im Präsens und dem Partizip Perfekt.

Beispiele: *j'ai commencé, tu as fini, il est sorti …*

Person *(la personne)*

1. Person Singular: ich / *je*
2. Person Singular: du / *tu*
3. Person Singular: er, sie, es / *il, elle*
1. Person Plural: wir / *nous*
2. Person Plural: ihr / *vous*
3. Person Plural: sie / *ils, elles*

Personalpronomen
(le pronom personnel)

Persönliches Fürwort

Es gibt 3 Arten:

1. **Subjektpronomen:** *je, tu, il, elle, nous, vous, ils, elles*
(= ich, du …)

   Subjektpronomen stehen für ein Nomen, das Subjekt im Satz ist.

2. **Objektpronomen:** *me, te, le, la, nous, vous, les*
(= mich, dich …)
Sie stehen für Nomen, die Objekt im Satz sind.
Indirekte Objektpronomen: *me, te, lui, nous, vous, leur*
(= mir, dir …)
Sie stehen für Nomen, die indirektes Objekt im Satz sind.

3. **Unverbundene Personalpronomen:** *moi, toi, lui, elle, nous, vous, eux, elles.*
Sie können Subjekt oder Objekt sein.

Plural *(le pluriel)*

Mehrzahl (im Gegensatz zur „Einzahl")

Der Plural wird im Französischen sehr oft mit der Endung **-s** geschrieben: *un homme – des hommes, une dame – des dames, il – ils …*

Possessivpronomen

Besitzanzeigendes Fürwort

Im Französischen unterscheidet man:

1. *le pronom possessif: le mien, le tien, le sien; la mienne, la tienne, la sienne; le/la nôtre, le/la vôtre, le/la leur*
   Plural: *les miens, les tiens …* (= die Meinen, die Deinen …)

2. *l'adjectif possessif: mon, ton, son; ma, ta, sa; notre, votre, leur*
   Plural: *mes, tes, ses, nous, vos, leurs* (= mein, dein …)
   Das *Adjectif possessif* steht immer vor einem Nomen:
   mon père, ta tante, mes amis …

Prädikat *(le verbe)*

Satzaussage

Das Prädikat ist das Verb im Satz, das sich auf das Subjekt bezieht.
Zum Beispiel:
Je commence le travail.
Il a fini ses devoirs.

Präposition
(la préposition)

Verhältniswort

Präpositionen sind: *à, avec, dans, de, par, pour, sous, sur …*

Präsens *(le présent)*

Gegenwart

Zum Beispiel: *je commence, tu commences, il commence …, je fais, tu fais, il fait …*

Pronomen *(le pronom)*

Fürwort

Jedes Pronomen steht für ein Nomen.

Zum Beispiel: *M. Leroc arrive. Il arrive.*

→ Demonstrativpronomen
→ Personalpronomen
→ Possessivpronomen
→ Reflexivpronomen
→ Relativpronomen

Reflexives Verb
(le verbe pronominal)

Ein Verb, das mit einem **Reflexivpronomen** gebildet wird.

Zum Beispiel: *se peigner, se laver, s'en aller, se lever, se marier, se promener …*

Reflexivpronomen
(le pronom réfléchi)

Rückbezügliches Fürwort

In dem Satz „Der Friseur kämmt mich" ist von zwei Personen die Rede. In dem Satz „Ich kämme mich" ist nur von einer Person die Rede, die Subjekt und gleichzeitig Objekt ist.

„Mich" ist hier im 2. Beispielsatz ein Reflexivpronomen.

Zum Beispiel: *je me peigne, tu te peignes, il se peigne, nous nous peignons, vous vous peignez, ils se peignent*

Relativpronomen
(le pronom relatif)

Bezügliches Fürwort

Das Relativpronomen leitet einen Relativsatz ein.

Beispiel: Hunde, die bellen, beißen nicht.
Relativsatz ist: die bellen. Relativpronomen ist: die.

Die wichtigsten Relativpronomen im Französischen sind:
qui, que, dont, lequel, ce qui, ce que …

si-Satz

Der **Bedingungssatz**, der mit *si* (= wenn) eingeleitet wird.

Beispiel: *Si Napoléon n'était pas mort, il serait encore en vie.*

Singular *(le singulier)*

Einzahl (im Gegensatz zur „Mehrzahl").

Beispiele:
un homme (aber Plural: *des hommes*)
une dame (aber Plural: *des dames*)
il (aber Plural: *ils*) …

Stammerweiterung
(la syllabe intercalaire)

Die Silbe **-iss-**, die bei den Verben auf **-ir** vorkommt.

Zum Beispiel: *nous finissons, vous finissez, ils finissent; je finissais, tu finissais; que je finisse, que tu finisses; finissant; finissons, finissez.*

stummes h *(h muet)*

In den meisten französischen Wörtern wird das **h-** behandelt, als ob es nicht da wäre.
Beispiele: *l'homme* (Apostroph!), *les‿hommes* (Bindung in Aussprache)

(Es gibt aber Ausnahmen: *la haine, la halle, le hangar, le hareng, le hasard, la hâte, la hauteur, le héros …*)

Subjekt *(le sujet)*

Satzgegenstand

Nach diesem Satzteil fragt man: Wer oder was …?
Beispiele: *M. Leroc est venu. Le stylo est sur la table.*

Subjektpronomen

→ Personalpronomen

Subjonctif

Die **Möglichkeitsform** (Konjunktiv)

(im Gegensatz zum „Indikativ" = Wirklichkeitsform).

Indicatif:	*Subjonctif:*
il sait (er weiß)	*qu'il sache* (dass er wisse)
nous sommes	*que nous soyons*
tu as	*que tu aies*

Der Subjonctif steht v. a. nach einigen Konjunktionen wie:
bien que, quoique, jusqu'à ce que, avant que, pour que …
und nach einigen Verben im *que*-Satz wie zum Beispiel:
Je suis content que tu sois venu.
Je veux que nous allions chez Paul.

Substantiv

 Nomen

Teilungsartikel
(l'article partitif)

Der **Teilungsartikel** drückt die unbestimmte Menge aus.

Zum Beispiel: *du sucre, de la crème, de l'eau.*

(Im Deutschen wird die unbestimmte Menge ausgedrückt, indem das Nomen ohne Artikel steht.)

Trema *(le tréma)*

Zwei Punkte über einem Vokal.

Das Trema zeigt an, dass zwei aufeinanderfolgende Vokale einzeln gesprochen werden.

Beispiele: *égoïste, naïf, Noël, il haïssait …*

Unbestimmter Artikel
(l'article indéfini)

Unbestimmtes Geschlechtswort

Formen: *un, une, des* (= ein, eine …).
Beispiele: *un monsieur, une dame, des messieurs*

Unpersönliches Verb
(le verbe impersonnel)

Alle Verben, die nur mit *il* (= es) gebildet werden können (nicht mit „ich, du …").

Beispiele:
falloir: il faut, il fallait, il faudra
pleuvoir: il pleut, il pleuvait, il pleuvra …

Zusammengesetzte Zeiten
(les temps composés)

Die Zeiten, die aus einem Hilfsverb und einem Partizip Perfekt zusammengesetzt sind.

Zum Beispiel:

Passé composé: *il a commencé, il a fini*
Plus-que-parfait: *il avait commencé*
Conditionnel (**Konditional**): *il aurait commencé*
etc.

Stichwortverzeichnis

Die genannten Ziffern geben generell die **Kapitelnummern** an, nicht die Seitenzahlen, mit Ausnahme der Tabellen.